Noël 2004

Dear Kelly,

Here is a cooking book for you,
which i have, too.

It's simple, but the receipes
are nice, some are basics,
some not.
Hope you'll like it!

Bisous,

Tanja

la cuisine de julie

Julie Andrieu

la cuisine de julie

220 RECETTES POUR MON JULES ET MES COPINES

Albin Michel

Ouvrage publié sous la direction de Claude Lebey

$\wp$ = très facile

$\wp\wp$ = facile

$\wp\wp\wp$ = délicat

 = économique

  = abordable

   = un peu cher

Toutes les alliances des mets et des vins
ont été proposées par

(NICOLAS)

© Éditions Albin Michel S.A., 1999
22, rue Huyghens, 75014 Paris

ISBN : 2-226-10878-5

table des recettes

salades

œufs

poissons, coquillages et crustacés

viandes

volailles et lapin

légumes

pâtes et riz

plats au fromage

desserts

introduction

Être passionnée de cuisine à 25 ans, quand on n'est ni la nièce de Ginette Mathiot ni la fille d'un grand chef, cela peut surprendre. Et pourtant... pas un jour sans que je n'essaye une nouvelle recette, pas un week-end dont je ne revienne les bras chargés de produits du terroir et pas un dîner à la maison où l'on ne parle « bouffe » et restos. La gourmandise est devenue un art de vivre et j'assume pleinement mon statut d'obsessionnelle épanouie.

À l'adolescence, je n'avais cependant rien d'un Mozart du fourneau. Maman, comédienne et pas vraiment « à cheval » sur les heures de repas, m'apprit la maîtrise du four à micro-ondes bien avant celle de la blanquette de veau. Au même moment, j'entamais une longue période de dépendance à des substances diverses : spaghetti-ketchup, pizza volante, hamburgers multicolores, sandwichs fourre-tout, truffes banania-margarine (si, si), etc., dégustées accroupie devant la télé s'il vous plaît. De quoi rendre Jean-Pierre Coffe aphone. Mais la cuisinière sommeillait en moi et je feuilletais déjà l'unique livre de cuisine de la maison comme d'autres dévorent les bandes dessinées.

Puis vint ce jour béni où une amie me confia qu'elle détenait une recette de terrine de foies de volaille infaillible. Elle n'avait pas plus de connaissances culinaires que moi et c'était franchement meilleur que chez le traiteur. Je m'y attelai le soir même, appréhensive comme le jour de mon premier cours de physique-chimie.

Ce fut un ratage mémorable (j'avais jeté toute la graisse rendue à la cuisson), mais mon Jules, qui voyait là un espoir de pouvoir se libérer de son omelette quotidienne, m'encouragea sans retenue.

J'ai persévéré, raté de nouveau, puis réussi, tout enorgueillie de l'étonnement de mes amis. Les dîners à la maison se firent plus fréquents, virant rapidement au « Festin de Babette » car c'était pour moi l'occasion de mettre en lumière toutes les recettes testées dans la semaine. Je construisais ma culture gastronomique avec ardeur : mes dimanches étaient consacrés à chiner des vieux manuels de cuisine régionale chez les bouquinistes, de mes voyages, je revenais parfumée d'épices (plus assidue à la visite des marchés qu'à celle des monuments historiques), au restaurant, je suppliais mes amis de choisir des plats différents pour assouvir ma curiosité et finissais mon dessert dans les cuisines à glaner les secrets du chef...

Il n'en fallait pas plus pour qu'au bout de quelques mois j'eusse déjà recensé une centaine de recettes sur un petit cahier.
« La Cuisine de Julie » en livre prenait forme imperceptiblement.

Ma rencontre, fortuite, avec Claude Lebey fut décisive et fit de la goûteuse passionnée que j'étais une amatrice professionnelle. Il me mit la main à la plume en m'offrant de devenir enquêtrice pour son guide de restaurants et auteur du très sérieux « Guide du club des croqueurs de chocolat », dont je suis désormais membre actif.

Parallèlement, je défendais un projet d'émission de cuisine correspondant à celle que je concoctais pour mes copines et mon Jules : ludique, rapide, simple et pas trop onéreuse. « Tout un plat » naquit sur Téva, qui avait le même idéal de cuisine que moi.

Aujourd'hui, mon emploi du temps se partage entre la préparation de livres de recettes, les tournages, les visites incognito de restaurants parisiens, une collaboration régulière au journal « ELLE » et à « ELLE à table » et un minimum vital de trois heures de cuisine quotidiennes. Journaliste culinaire, dit-on. Est-ce bien sérieux ? Non, heureusement.

Julie Andrieu

recettes

Chips
de courgette

Difficile de ne pas loucher sur le bol de chips que l'on vous colle régulièrement sous le nez au moment de l'apéritif! Quand la culpabilité prend le dessus et que vous résistez à la tentation, vous vous vengez sur le dessert. Résultat : cinq profiteroles avalées avec hargne !
Avec ces pétales de légumes croustillants, tout le monde peut enfin se laisser aller à l'appel de la chip, et fièrement avec ça !

Pour 4 à 6 personnes

Préparation: 15 min
Cuisson: 2-3 min

Ingrédients
1 courgette moyenne
2 œufs
40 g de chapelure
30 g de parmesan
fraîchement râpé
20 cl d'huile de friture
Sel et poivre du moulin

Matériel
1 grande poêle ou
1 friteuse, 1 écumoire

Calories: 500 kcal/100 g

Bandol rosé (Provence),
servir à 11°

- Laver, sécher la courgette et la couper en rondelles très fines (3 mm environ).

- Faire chauffer l'huile dans une grande poêle ou allumer la friteuse.

- Battre les œufs comme pour une omelette. Mélanger la chapelure et le parmesan dans une assiette creuse.

- Tremper les lamelles de courgette successivement dans l'œuf battu, puis dans le mélange chapelure-parmesan. Les plonger dans la friture et les retirer à l'aide d'une écumoire dès qu'elles commencent à dorer. Égoutter sur un papier absorbant. Saler légèrement et poivrer. Servir immédiatement.

 **Idée gourmande**
Ajoutez du basilic ciselé au mélange chapelure-parmesan.

Le conseil de Julie
Évitez les grosses courgettes qui contiennent trop d'eau.

amuse-bouches et petites recettes de base

boulettes
à la ricotta

Des petites billes qui mettent en appétit. Variez les couleurs en ajoutant des petits morceaux de légumes poêlés : courgettes, carottes, poivrons...

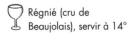

Pour 24 pièces

Préparation: 10 min
Congélateur: 15 min
Cuisson: 5 min

Ingrédients
150 g de ricotta
100 g de jambon blanc
50 g de gruyère râpé
100 g de graines de sésame
Sel et poivre du moulin

Matériel
1 poêle

Calories: 45 kcal/pièce

Régnié (cru de Beaujolais), servir à 14°

● Faire dorer les graines de sésame dans une poêle sans matière grasse pendant 5 min environ, puis les verser dans une assiette creuse.

● Hacher le jambon. Écraser la ricotta dans un grand bol, ajouter le gruyère râpé et le jambon finement haché, saler et poivrer. Mélanger soigneusement. Entreposer ce mélange 15 min au congélateur pour le solidifier.

● Sortir la préparation du congélateur et façonner des boulettes de la taille d'une grosse bille. Rouler chaque boulette dans les graines de sésame et placer au réfrigérateur jusqu'au moment de servir.

Variante

Boulettes au chèvre frais et aux herbes. Remplacez la ricotta par du chèvre frais et le jambon par un mélange d'herbes ciselées.

Le conseil de Julie

Humidifiez vos mains pour rouler les boulettes plus facilement.

allumettes
aux anchois

Les invités arrivent dans vingt minutes. Coup d'œil dans le réfrigérateur : une boîte d'anchois et un rouleau de pâte feuilletée. Ce n'est pas sorcier de faire dans l'originalité.

Pour 30 pièces env.

Préparation: 10 min
Cuisson: 10 min

Ingrédients
2 carrés de pâte feuilletée
toute prête
(ou blocs surgelés),
soit environ 500 g
1 boîte d'anchois à l'huile
d'olive
2 jaunes d'œufs

Matériel
1 pinceau (facultatif),
1 feuille de papier sulfurisé

Calories: 75 kcal/pièce

Vin de pays des côtes-
de-thongue blanc
(Languedoc-Roussillon),
servir à 9°

• Préchauffer le four à 180 °C (th. 6). Étaler les deux blocs de pâte en 2 carrés de 30 × 30 cm environ. Couper chaque carré en 3 bandes régulières. Disposer les filets d'anchois à 3 cm les uns des autres. Humecter chaque intervalle de pâte vierge avec un pinceau (ou avec les doigts).

• Recouvrir avec les 3 autres bandes de pâte et presser du doigt à chaque intervalle pour bien les souder.

• Prédécouper les allumettes avec la pointe d'un couteau sans les détacher, badigeonner de jaune d'œuf et poser les bandes sur une feuille de papier sulfurisé. Enfourner et laisser cuire jusqu'à ce que la pâte soit bien dorée. Détacher délicatement les allumettes et servir immédiatement.

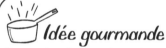 *Idée gourmande*
Saupoudrez la pâte de quelques grains de cumin ou de paprika en poudre.

Le conseil de Julie
Utilisez des restes de pâte feuilletée que vous superposerez et découperez en rectangles.

pruneaux
au lard fumé

Voilà un de mes classiques, et comme on s'habitue à tout, surtout aux bonnes choses toutes simples, mes dîners de copains ne peuvent plus désormais se dérouler sans les pruneaux croustillants. À déguster dès la sortie du four.

Pour 20 pièces

Préparation: 5 min
Cuisson: 8 min

Ingrédients
20 pruneaux dénoyautés
10 tranches fines de lard fumé

Matériel
20 cure-dents ou petits bâtonnets en bois (en grande surface ou en pharmacie), papier d'aluminium

Calories: 80 kcal/pièce

Côtes-du-frontonnais rouge (Sud-Ouest), servir à 16°

- Préchauffer le four à 240 °C (th. 8).

- Couper les tranches de lard en deux dans la longueur. Enrouler chaque pruneau dans 1/2 tranche de lard et le piquer avec un bâtonnet. Poser les pruneaux sur une feuille de papier d'aluminium. Enfourner et laisser cuire 5 min. Retourner les pruneaux et laisser cuire encore 3 min ou jusqu'à ce que le lard soit légèrement croustillant et doré.

- Servir bien chaud.

Variante

Dattes au bacon. Remplacez les pruneaux par des dattes et le lard fumé par du bacon.

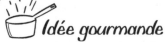

Idée gourmande
Farcissez chaque pruneau avec une amande fumée.

Le conseil de Julie
Si vous avez le temps, faites mariner les pruneaux 30 min dans une grande quantité de thé chaud pour les attendrir.

amuse-bouches et petites recettes de base

petits feuilletés
au chèvre frais

Un amuse-bouche qui peut aisément se transformer en entrée si vous l'associez avec une salade de bonne compagnie, comme une feuille de chêne au vinaigre de cidre et à l'huile de noix.

Pour 40 pièces

Préparation: 10 min
Cuisson: 10 à 12 min

Ingrédients
500 g de pâte feuilletée
en 2 blocs
200 g de chèvre frais
(crottin-de-chavignol
ou sainte-maure)
50 g de parmesan râpé
1 cuil. à soupe de romarin
ou d'origan séché
2 cuil. à soupe de crème
fraîche
2 jaunes d'œufs
Sel et poivre

Matériel
1 rouleau à pâtisserie,
1 grande feuille de papier
sulfurisé

Calories: 80 kcal/pièce

Muscat de Rivesaltes
(vin doux naturel),
servir à 11°

- Préchauffer le four à 210 °C (th. 7) et retirer la plaque du four. Étaler la pâte feuilletée en 2 rectangles de 30 × 20 cm.

- Écraser le chèvre à la fourchette. Ajouter le parmesan, les herbes, la crème, saler et poivrer.

- Répartir le fromage sur une bande et poser la seconde dessus. Appuyer légèrement. Découper 40 bâtonnets de 1,5 cm de large.

- Badigeonner les bâtonnets de jaune d'œuf battu et les disposer sur la plaque du four couverte d'une feuille de papier sulfurisé. Laisser cuire 10 à 12 min ou jusqu'à ce qu'ils soient bien dorés. Servir sans attendre.

Variante
Utilisez du gruyère râpé et remplacez la crème par de la béchamel (voir la recette de la béchamel, in *Soufflé au comté*, p. 224).

Le conseil de Julie
Pour que vos feuilletés soient bien gonflés, entreposez-les 30 min au réfrigérateur avant de les faire cuire.

tuiles de parmesan
à la ciboulette

Il y a bien longtemps que j'ai remplacé les cacahuètes coupe-faim de l'apéritif par ces galettes croustillantes et légères préparées en deux coups de spatule. Les dîners improvisés m'obligent à avoir toujours 5 ou 6 boîtes d'herbes surgelées dans mon congélateur, ce qui me permet de proposer des tuiles à tous les parfums : basilic, menthe, persil, cerfeuil... le chic absolu. On m'a même demandé si j'avais un herbier sur mon balcon !

Pour 10 pièces

Préparation: 5 min
Cuisson: 20 min

Ingrédients
150 g de parmesan en morceau
1 cuil. à soupe de farine
2 cuil. à soupe de ciboulette

Matériel
1 râpe, 1 petite poêle antiadhésive, 1 spatule fine

Calories: 60 kcal/pièce

Porto blanc, servir à 11°

séquence « rap »

● Râper finement le parmesan. Laver, sécher et hacher la ciboulette. Dans un grand bol, mélanger le parmesan, 2 cuil. à soupe de ciboulette et la farine.

à vos platines !

● Faire chauffer une petite poêle à feu moyen sans matière grasse. Saupoudrer légèrement de parmesan et laisser fondre 2 à 3 min environ. Dès que le fromage commence à se colorer, retirer la tuile à l'aide d'une spatule fine sans la déformer et la poser sur une bouteille pour lui donner une forme courbe. Procéder à la cuisson des suivantes de la même façon.

● Servir froid.

Variante

Variez les herbes ou remplacez-les par des épices (cumin, carvi, baies roses ou poivre concassé, pavot...).

amuse-bouches et petites recettes de base

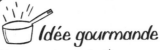

Idée gourmande

Vous pouvez aussi utiliser ces galettes pour remplacer un fond de tarte (galettes de parmesan aux tomates confites), pour décorer un potage ou égayer une salade.

Le conseil de Julie

Je vous déconseille d'acheter du parmesan déjà râpé, souvent « coupé » avec d'autres fromages moins savoureux. En revanche, vous pouvez préparer votre parmesan râpé à l'avance à condition de confectionner les tuiles au dernier moment.

Vinaigrettes
variées

Parce qu'une salade change du tout au tout selon sa vinaigrette, voici quelques idées pour vous mettre au vert.

Les vinaigrettes se préparent toujours de la même façon : on commence par verser les liquides acides (vinaigre, citron, sauce de soja) dans un bol ou un saladier, on y dissout le sel et la moutarde et l'on finit par l'huile et les herbes. Le secret consiste à ne jamais cesser de fouetter à la fourchette pendant toute la préparation. La sauce doit avoir une consistance homogène.

Pour gagner du temps, préparez-la directement dans le saladier et posez les couverts en croix au-dessus pour isoler la salade de la vinaigrette. Mélangez au dernier moment.

Pour 6 personnes

Vinaigrette au citron
1/2 citron (jus)
8 cuil. à soupe d'huile d'olive
1/2 échalote (50 g d'échalotes émincées surgelées)
1/2 bouquet de ciboulette
(2 cuil. à soupe de ciboulette ciselée surgelée)
Sel et poivre du moulin

Emploi
Tous usages

Vinaigrette à la moutarde
3 cuil. à soupe de vinaigre de xérès
2 cuil. à café de moutarde forte de Dijon
9 cuil. à soupe d'huile d'olive
Sel et poivre du moulin

Emploi
Salades vertes, salades de pâtes, salades de légumes secs...

amuse-bouches et petites recettes de base

Vinaigrette japonaise

2 cuil. à soupe de sauce de soja japonaise
(qui n'a rien à voir avec la sauce de soja chinoise)
1 cuil. à soupe de jus de citron
6 cuil. à soupe d'huile d'olive
2 cuil. à soupe de graines de sésame grillées
1 gousse d'ail
1 cuil. à café rase de sucre en poudre
3 pincées de gingembre en poudre
Sel et poivre du moulin

Emploi
Salades exotiques, salade de choux,
crudités...

Vinaigrette aux herbes

2 cuil. à soupe de vinaigre de xérès
4 cuil. à soupe d'huile de maïs
4 cuil. à soupe d'huile de noix
1/2 bouquet de ciboulette ciselée
1/2 bouquet de cerfeuil ciselé
2 brins d'estragon ciselés
Sel et poivre du moulin

Emploi
Salades vertes, crudités...

Vinaigrette légère au yaourt

2 yaourts nature
1 cuil. à soupe de vinaigre de cidre
1 cuil. à café de moutarde forte de Dijon
3 cuil. à soupe d'huile d'arachide
1 bouquet d'aneth (3 cuil. à soupe d'aneth
ciselé surgelé)
1/2 cuil. à café de curry en poudre
Sel et poivre du moulin

Emploi
crudités, salades de riz ou de pâtes...

Vinaigrette balsamique

3 cuil. à soupe de vinaigre balsamique
1 cuil. à café de jus de citron
1 cuil. à café de moutarde forte de Dijon
1/2 échalote hachée
8 cuil. à soupe d'huile d'olive
1/2 bouquet de cerfeuil ciselé
Sel et poivre du moulin

Emploi
Salades vertes, crudités...

Conservation

Toutes ces vinaigrettes se conservent 3 à 4 jours au réfrigérateur, 1 semaine dans un bocal
en verre. Remuer avant chaque utilisation.

amuse-bouches et petites recettes de base

Coulis
de tomate

En bocal au réfrigérateur, dans des pots de yaourt au congélateur, ayez toujours un peu de coulis à portée de spatule.

Pour 8 personnes

Préparation: 10 min
Cuisson: 35 min

Ingrédients
2 kg de tomates fraîches
en grappes (ou surgelées,
ou en boîte au naturel)
2 oignons
3 belles gousses d'ail
1 bouquet garni
(thym, laurier, persil plat)
1/2 bouquet de basilic
7 cuil. à soupe d'huile
d'olive
2 morceaux de sucre
Sel et poivre du moulin

Matériel
1 sauteuse avec couvercle

Calories: 160 kcal/pers

Conservation
3 jours au réfrigérateur ou
2 mois au congélateur.

Côtes-de-saint-mont
rosé (Sud-Ouest),
servir à 10°

● Ébouillanter les tomates pour les peler facilement si elles sont fraîches. Retirer le petit pédoncule et écraser la chair à l'aide d'une fourchette. Égoutter et concasser les tomates en boîte.

● Peler et hacher l'ail et l'oignon. Faire chauffer 6 cuil. à soupe d'huile d'olive à feu doux dans une sauteuse et faire dorer ce hachis 2 à 3 min en remuant souvent. Ajouter les tomates écrasées, le bouquet garni, sucrer, saler et poivrer. Couvrir et laisser cuire 25 min à feu doux.

● Retirer le couvercle et laisser réduire 10 min. Laver, sécher et ciseler le basilic. Retirer le bouquet garni, verser 1 cuil. à soupe d'huile d'olive. Remuer et rectifier l'assaisonnement. Saupoudrer de basilic et servir immédiatement, ou laisser refroidir et placer au réfrigérateur dans un bocal.

Variante

Pour une sauce plus corsée, ajoutez 1 cuil. à soupe de concentré de tomate ou de sauce de soja japonaise. Remplacez le basilic par de l'estragon ou du cerfeuil.

Le conseil de Julie

Si vous êtes pressé, remplacez les tomates fraîches par de la purée de tomate au naturel.

gousses d'ail
confites en bocal

Toute la saveur de l'ail sans l'âcreté et la « longueur en bouche » ! Ces petites gousses en chemise se prêtent à toutes les préparations : écrasées dans une sauce, un jus de viande ou une vinaigrette, servies en garniture d'un poisson, d'un rôti de porc et d'un gigot d'agneau, ou simplement étalées sur une tartine de pain de campagne grillée… un péché !

Pour 1 bocal (1 litre)

Préparation: 15 min
Cuisson: 1 h environ

Ingrédients
10 têtes d'ail bien dodues
50 cl d'huile d'olive vierge

Matériel
1 casserole, 1 bocal
avec couvercle

Calories: 20 kcal/pièce

Conservation
3 à 4 mois au réfrigérateur.

• Séparer les gousses les unes des autres, les débarrasser de leurs peaux desséchées et les déposer dans une casserole. Couvrir largement d'eau froide, porter à ébullition et laisser cuire 3 min. Égoutter et renouveler deux fois l'opération en changeant l'eau à chaque fois.

• Après la dernière ébullition, remettre les gousses dans la casserole vide. Recouvrir d'huile d'olive et laisser cuire à feu doux pendant 50 min. Surveiller l'huile, elle ne doit surtout pas bouillir.

• Retirer la casserole du feu et laisser refroidir.

• Verser les gousses et leur huile de cuisson dans le bocal. Fermer hermétiquement et placer au réfrigérateur.

Le conseil de Julie

Séchez bien les gousses et la casserole avant de les faire cuire dans l'huile.

Citrons confits

Pour 5 ou 6 citrons

Préparation: 10 min
3 semaines à l'avance

Ingrédients
5 ou 6 citrons
700 g environ de gros sel

Matériel
1 saladier, des bocaux

Conservation
1 à 2 ans au réfrigérateur.

- Couper les deux extrémités des citrons et brosser les citrons sous l'eau tiède.

- Les couper en quatre et les mettre dans un grand saladier.

- Les recouvrir de gros sel et secouer pour qu'ils soient bien imprégnés.

- Les laisser dégorger 2 à 3 jours en secouant le saladier deux fois par jour, sans toucher les citrons, pour imprégner les quartiers.

- Les mettre en bocaux, côté peau dessus, en les chevauchant et en appuyant, et verser tout le jus et le sel restants. Fermer et mettre au frais.

- Tous les jours, pendant la première semaine, tasser à l'aide d'un verre pour faire remonter le jus.

- Consommer les citrons à partir de la 3e semaine (selon le goût).

Le conseil de Julie

Si vous avez la flemme d'attendre, achetez-les tout prêts, dans les épiceries orientales.

anchois frais
au cumin

Avant d'être ces petits filets huilés et très salés qui décorent les pizzas, les anchois sont des poissons frais aussi savoureux que les sardines. Cette recette algérienne est une variante amusante de notre petite friture d'éperlans. Un conseil : enfilez votre tailleur favori seulement après avoir préparé ce plat...

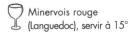

Pour 4 personnes

Préparation: 25 min
Cuisson: 10 min environ

Ingrédients

600 g de filets d'anchois frais
15 cl de lait
2 citrons verts
5 cuil. à soupe de farine
20 cl d'huile pour friture
(tournesol, pépins de raisins...)
2 cuil. à soupe de graines de cumin
1 bouquet de coriandre
(1/2 boîte de coriandre ciselée surgelée)
Sel et poivre du moulin

Matériel

1 friteuse ou 1 grande poêle, papier absorbant

Conservation

24 h au réfrigérateur.
Calories: 290 kcal/pers

Minervois rouge
(Languedoc), servir à 15°

• Si les anchois sont entiers, leur ôter la tête, les ouvrir en deux sur la longueur, passer les filets sous l'eau froide et les sécher délicatement avec du papier absorbant.

• Faire chauffer l'huile dans la poêle. Ciseler finement la coriandre. Dans une assiette, mélanger les graines de cumin à la farine. Verser le lait dans un bol.

• Tremper chaque filet d'anchois dans le lait, puis dans la farine. Les secouer afin d'ôter l'excédent. Les faire cuire dans l'huile chaude jusqu'à ce qu'ils soient bien dorés (2 min environ). Les retirer à l'aide d'une spatule et les déposer sur du papier absorbant. Saler et poivrer légèrement, parsemer de coriandre et servir immédiatement, entouré de quartiers de citrons verts.

Variante

Sardines au cumin. Si vous ne trouvez pas d'anchois frais, remplacez-les par des filets de sardines.

Le conseil de Julie

Procédez en plusieurs fois pour que les filets ne se touchent pas pendant la cuisson et placez les premiers filets au four tiède le temps de faire cuire les suivants.

Caviar d'aubergines
aux noisettes

Si vous n'avez ni four, ni poêle, ni casserole et qu'à ce jour votre plus grande réussite culinaire reste le toast doré à point, rassurez-vous, ce caviar d'aubergines va rehausser votre réputation. J'ai imaginé cette recette de retour d'un voyage au Liban où l'on fait cuire les aubergines à même la plaque de cuisson. Confites dans leur peau, elles prennent un petit goût fumé impossible à obtenir par un autre mode de cuisson. Vous pouvez servir ce plat en entrée, en apéritif avec des bâtonnets de légumes ou encore comme garniture d'une viande ou d'un poisson poêlés.

Pour 4 personnes

Préparation: 10 min
Cuisson: 25 min

Ingrédients
3 aubergines moyennes
1/2 oignon
50 g de poudre
de noisettes
30 g de parmesan
fraîchement râpé
40 g de beurre
1 cuil. à café rase de
coriandre en poudre
Sel et poivre du moulin

Matériel
Papier d'aluminium,
1 saladier

• Allumer trois plaques électriques (ou feux) à chaleur vive. Emballer hermétiquement chaque aubergine dans une grande feuille de papier d'aluminium et poser chaque aubergine à même la plaque (ou le feu). Laisser cuire 15 min en les retournant à mi-cuisson. Les déballer et laisser refroidir.

• Pendant ce temps, éplucher et hacher finement l'oignon.

• Ouvrir les aubergines en deux et vider la pulpe avec une cuillère à soupe. Éviter toutes les particules noires de peau brûlée. Écraser la chair avec une fourchette pour la réduire en purée.

• Faire chauffer le beurre dans une poêle à feu moyen. Faire revenir l'oignon haché pendant 2 min et ajouter la pulpe d'aubergines, la coriandre et la poudre de noisettes. Laisser cuire 10 min en mélangeant souvent. Retirer du feu, ajouter le parmesan, saler et poivrer généreusement et mélanger soigneusement.

• Servir tiède ou froid. Saupoudrer éventuellement d'aneth ciselé.

Calories: 230 kcal/pers

Conservation
3 jours au réfrigérateur.
Servir à température
ambiante.

🍷 Vin de pays des
coteaux de l'Ardèche,
syrah rosé, servir à 11°

Variante

Remplacez la coriandre en poudre par 4 brins de coriandre fraîche que vous ajouterez au caviar à la fin de la cuisson.

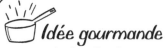

Idée gourmande

Proposez des lamelles de poivron rouge en guise de cuillères.

Le conseil de Julie

Évitez le hachoir pour réduire en purée la pulpe d'aubergines, cela aurait pour effet de faire exploser les graines qui sont très amères.

taboulé
aux herbes

Le Liban est sans conteste le pays du Proche-Orient qui offre la gastronomie la plus recherchée et la plus raffinée. Un bon nombre des plats qui hantent les buffets des hôtels européens s'inspirent de cette cuisine légère et parfumée. Il en va ainsi du taboulé aux herbes, une recette formidablement diététique, piètrement interprétée par nos cuisiniers qui y voient un couscous fourre-tout. Encore un bon plan pour les démunis du placard : aucun matériel n'est nécessaire, si ce n'est une paire de ciseaux et une bonne louche de patience.

Pour 6 personnes

Préparation: 30 min
Repos: 2 h
Pas de cuisson

Ingrédients
120 g de pil-pil ou de boulgour (blé concassé)
3 bouquets de persil plat
1 gros bouquet de menthe
5 citrons (ou 20 cl de jus de citron)
4 tomates mûres mais fermes
2 bottes de petits oignons frais
4 cuil. à soupe d'huile d'olive
1/2 concombre
Sel et poivre du moulin

placez votre blé au frais pour le faire gonfler

● Presser les citrons. Dans un grand saladier, mélanger le jus des citrons et le pil-pil cru. Couvrir et laisser gonfler 2 h au réfrigérateur.

ne coupez pas votre herbe avec n'importe quoi

● Pendant ce temps, effeuiller, laver et essorer les herbes. Les ciseler très finement et les placer dans un verre par petites quantités, plonger une paire de ciseaux dans le verre et couper jusqu'à ce que les herbes soient hachées très finement (éviter le hachoir). Égrainer le concombre, laver les tomates et les oignons. Couper tous ces légumes en petits dés.

● Verser les herbes ciselées et les légumes dans le saladier contenant le taboulé. Ajouter l'huile d'olive, le sel, le poivre et mélanger soigneusement.

● Laisser reposer au réfrigérateur jusqu'au moment de servir.

● Accompagner de pita tiède et présenter une bouteille d'huile d'olive à table.

Matériel
1 grand saladier, 1 paire
de ciseaux

Calories: 210 kcal/pers

Conservation
2 jours au réfrigérateur.

Bandol rosé (Provence),
servir à 11°

Variante

Remplacez la moitié du persil par de la coriandre fraîche.

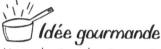

Idée gourmande

Ajoutez les tiges des oignons ciselées et des dés de poivron rouge.

Le conseil de Julie

Évitez les herbes ciselées surgelées, trop molles après décongélation.

fraîcheur
de concombre au yaourt

Cette recette, ouvertement inspirée du célèbre tzatziki grec, trouve toujours sa place à table. Selon les envies, elle pourra inaugurer un repas copieux, apaiser un plat épicé, ou encore remplacer l'étape fromage. En matière de concombre, deux écoles s'affrontent : ceux qui le pèlent (la peau est réputée indigeste) et ceux qui ne le pèlent pas (c'est là que résident la plupart des vitamines). Personnellement, j'ai choisi : j'ôte une bande sur deux. C'est plus joli et puis il faut savoir trancher, dans la vie.

Pour 4 personnes

Préparation: 10 min
Repos: 2 h
Pas de cuisson

Ingrédients
1 concombre
5 yaourts brassés
1 petite gousse d'ail
(1 cuil. à café d'ail surgelé)
15 feuilles de menthe
fraîche (3 cuil. à soupe
de menthe ciselée surgelée)
1 cuil. à soupe de jus
de citron
1/2 cuil. à café de sel
Poivre du moulin

Matériel
1 couteau économe,
1 saladier

● Éplucher le concombre, retirer les graines et le couper en lamelles très fines. Placer ces lamelles dans un saladier. Éplucher et hacher finement la gousse d'ail.

● Verser 5 yaourts brassés et l'équivalent d'1/2 pot de yaourt d'eau fraîche dans le saladier. Saler, poivrer, ajouter l'ail et le jus de citron, mélanger soigneusement.

● Hacher ou ciseler finement les feuilles de menthe et les saupoudrer sur la préparation.

● Entreposer 2 h au réfrigérateur. Servir très frais avec des tranches de pain de campagne fraîchement grillées.

Variante

Remplacez le concombre par 4 mini-concombres et coupez-les en dés sans les égrener ni les éplucher.

Calories: 120 kcal/pers

Conservation
24 h au réfrigérateur,
couvert d'un film
alimentaire.

Vin de pays
d'Aigues-Mortes blanc,
servir à 8°

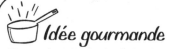

Idée gourmande
Ajoutez une tomate égrenée et coupée en dés.

Le conseil de Julie
Utilisez un robot pour émincer les concombres.

Que faire des restes ?
Vous pouvez farcir des tomates évidées avec le reste de la préparation
et servir bien frais en entrée.

clafoutis
de légumes

Je confesse une sérieuse tendance au décalage gastronomique. Je pars d'une recette traditionnelle, puis je dévie, je mélange, je transforme avec une curiosité gourmande inépuisable. Intimement lié à la cerise, le clafoutis gagne pourtant à lui être infidèle : au fromage, au poisson, aux tomates... j'ai testé pour vous et ça marche ! Celui-ci est né un lendemain de navarin, ce qui explique le choix des légumes, mais n'hésitez pas à le composer au marché en y mettant tous ceux qui sauteront dans votre panier. Évitez les conserves (sauf le maïs et les fonds d'artichauts), trop mous pour cet usage.

Pour 6 personnes

Préparation: 20 min
Cuisson: 45 min

Ingrédients

200 g de petits pois surgelés
200 g de carottes
200 g de navets
(on peut remplacer ces trois légumes par 600 g de jardinière de légumes surgelée)
100 g de champignons de Paris (frais ou en boîte)
1 poivron rouge
1 oignon (150 g d'oignons émincés surgelés)
4 œufs
25 cl de crème fraîche liquide

● Éplucher les carottes, les navets et l'oignon. Laver et retirer le bout terreux des champignons. Laver le poivron et retirer graines et cloisons. Couper tous ces légumes en petits dés, et les réserver séparément.

● Porter à ébullition de l'eau salée dans une grande casserole. Jeter tous les légumes (sauf les oignons et les champignons) dans l'eau bouillante et laisser cuire 5 min. Égoutter.

● Préchauffer le four à 160 °C (th. 6). Faire fondre 50 g de beurre dans la casserole bien sèche et faire revenir l'oignon et le poivron pendant 5 min. Ajouter les autres légumes et laisser cuire encore 10 min. Réserver. Beurrer le moule avec le beurre restant.

● Dans un saladier, battre les œufs avec la crème liquide. Saler, poivrer, ajouter les légumes et la noix muscade. Mélanger et verser le tout dans le moule. Placer le moule dans un grand plat allant au four. Verser de l'eau dans le fond du plat et enfourner. Laisser cuire 30 min. Servir tiède dans le plat de cuisson.

60 g de beurre
2 pincées de noix muscade
fraîchement râpée
Sel et poivre du moulin

Matériel
1 grande casserole,
1 couteau économe,
1 saladier, 1 joli moule
rond ou ovale, 1 grand plat
allant au four
(pour le bain-marie)

Calories: 330 kcal/pers

Conservation
2 jours au réfrigérateur,
couvert d'un film
alimentaire.

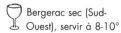 Bergerac sec (Sud-
Ouest), servir à 8-10°

Variante

Utilisez les légumes de votre choix : asperges vertes, fèves écossées, fonds d'artichauts, poireaux, épinards...

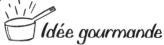 *Idée gourmande*

Servez ce clafoutis avec une **crème de petits pois à l'aneth** : mixez 1 petite boîte de petits pois égouttés avec 20 cl de crème fraîche liquide, salez, poivrez et ajoutez 3 brins d'aneth ciselés.

Le conseil de Julie

Si vos amis sont en retard et que vous ne pouvez pas servir ce clafoutis tiède, servez-le à température ambiante, jamais glacé.

poivrons
marinés à l'ail

Pour peler les poivrons, le gril du four reste la technique la plus répandue. Pratique, mais un peu long. Les campeurs et les inconditionnels de la guerre du feu choisiront, quant à eux, de les passer au-dessus d'une flamme (les feux au gaz plutôt que le chalumeau) jusqu'à ce qu'ils noircissent. Dans les deux cas, n'omettez pas de les laisser tiédir dans un sac en plastique ou une feuille de papier d'aluminium pour ôter la peau plus facilement. Dernier conseil, après cette entrée explosive, oubliez le blanc de poulet à la vapeur et prévoyez un plat à hauteur de saveur.

Pour 6 personnes

Préparation: 10 min
Cuisson: 30 min environ
Marinade: 1 h

Ingrédients

3 poivrons verts
3 poivrons rouges
3 poivrons jaunes
2 gousses d'ail
(2 cuil. à café d'ail surgelé)
3 cuil. à soupe de jus
de citron
6 cuil. à soupe d'huile d'olive
Quelques brins de
coriandre fraîche (1 cuil. à
soupe de coriandre ciselée
surgelée)
Sel et poivre du moulin

● Allumer le gril du four après avoir retiré la plaque. Couper les poivrons en deux. Retirer la queue verte, les graines et les nervures blanches et les aplatir légèrement avec la paume de la main. Huiler la plaque du four et poser les poivrons face bombée vers le haut.

● Les faire griller jusqu'à ce qu'ils noircissent ou que la peau se boursoufle (15 min environ). Attention à ne pas laisser brûler ! Dès leur sortie du four, les enfermer dans un sac en plastique et laisser reposer 15 min. Procéder en deux ou trois fournées.

● Pendant ce temps, presser le citron, hacher finement les gousses d'ail, laver, sécher et ciseler la coriandre.

● Éplucher les poivrons et les tailler en lanières. Les placer dans un saladier, arroser d'huile d'olive et de jus de citron. Ajouter l'ail haché, la coriandre, le sel et le poivre. Mélanger soigneusement et laisser mariner 1 h au réfrigérateur. Servir frais décoré de feuilles de coriandre fraîche.

Matériel
2 sacs en plastique ou
du papier d'aluminium

Calories: 140 kcal/pers

Conservation
3 jours au réfrigérateur.

 Vin de pays du Var
rosé, servir à 10°

Variante

Remplacez l'ail par un oignon doux émincé et ajoutez une poignée de raisins secs.

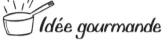 **Idée gourmande**
Ajoutez des quartiers de citrons confits.

Le conseil de Julie

Si vous avez le temps, préparez cette recette à l'avance et laissez les poivrons mariner plus longtemps en les tournant de temps en temps.

Crevettes
au citron et aux herbes

Un de ces plats extensibles que l'on peut préparer pour un dîner de famille aussi facilement que pour soi tout seul. Si vous optez pour la première solution, deux ustensiles supplémentaires sont à prévoir : un wok (à défaut, un grand poêlon) et des gants en plastique pour décortiquer les crevettes. À défaut, une belle-mère horripilante peut faire l'affaire.

Pour 4 personnes

Préparation: 15 min
Cuisson: 13 min

Ingrédients
20 crevettes bouquets
(grosses crevettes roses)
crues fraîches ou surgelées
1 gros oignon (200 g
d'oignons émincés surgelés)
2 gousses d'ail (2 cuil. à
café d'ail émincé surgelé)
1 citron
1 branche de thym
1/2 bouquet de coriandre
(3 cuil. à soupe de
coriandre ciselée surgelée)
1 cuil. à café d'origan
séché
15 cl de crème fraîche
1 cuil. à café de sauce
Worcester
5 cuil. à soupe d'huile
d'olive

une fois déshabillées, laissez-les mariner

• Décortiquer les crevettes, les laver sous un filet d'eau froide, les sécher et les disposer dans un plat. Poivrer et arroser de sauce Worcester.

• Préparer la sauce : éplucher l'oignon et les gousses d'ail, râper le zeste du citron et presser son jus. Hacher finement l'ail et l'oignon et mélanger ce hachis avec le zeste râpé, le thym effeuillé, l'origan, 2 cuil. à café de sel fin et l'huile d'olive.

• Faire chauffer une poêle sans matière grasse et verser ce mélange. Laisser rissoler 3 min à feu moyen en remuant, puis ajouter les crevettes. Bien mélanger et laisser cuire 5 min. Verser le vin blanc, le jus de citron et la crème fraîche. Laisser cuire encore 5 min à feu doux.

le bouquet final

• Pendant ce temps, laver, sécher et ciseler la coriandre. Disposer les crevettes et leur sauce dans le plat de service et saupoudrer de coriandre.

8 cuil. à soupe de vin blanc
Sel et poivre du moulin

Matériel
1 râpe, 1 poêle

Calories: 300 kcal/pers

Conservation
24 h au réfrigérateur.
Réchauffez à feu doux
à la poêle.

Gros-plant du Pays
nantais, blanc sec
(vallée de la Loire),
servir à 8°

Variante

Pour une recette plus légère, faites mariner 30 min les crevettes décortiquées avec tous les ingrédients, sauf la crème et le vin. Enfilez-les sur des brochettes et passez-les sous le gril chaud 5 min sur chaque face. Faites chauffer la marinade, ajoutez le vin, laissez réduire et servez cette sauce à part.

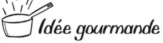

Idée gourmande

Vous pouvez servir ces crevettes en plat principal. Comptez alors 8 crevettes par personne et accompagnez de riz basmati parfumé aux graines de cardamome.

Le conseil de Julie

Attention ! le temps de cuisson des crevettes varie selon leur grosseur.

tomates confites
au chèvre et à la ciboulette

Les tomates de pleine terre, considérées comme les meilleures, sont récoltées au printemps et en été, mais cette recette peut être préparée avec des tomates en branches de Sicile et même des tomates rondes que l'on trouve toute l'année. Si vous avez le temps, retournez vos tomates sur une grille avant de les farcir et laissez-les se vider de leur eau pendant une demi-heure. De cette façon, elles confiront sans risquer de se transformer en confiture.

Pour 4 personnes

Préparation: 10 min
Repos: 15 min
Cuisson: 15 min

Ingrédients

8 tomates parfumées
300 g de chèvre frais
1/2 botte de ciboulette
(3 cuil. à soupe de ciboulette ciselée surgelée)
1 gousse d'ail (1 cuil. à café d'ail émincé surgelé)
4 cuil. à soupe d'huile d'olive
1 cuil. à café de thym frais ou séché
1 pincée de sucre en poudre
Sel et poivre du moulin

Matériel

1 plat allant au four

Calories: 280 kcal/pers

• Préchauffer le four à 150 °C (th. 5).

• Couper les chapeaux des tomates aux deux tiers de leur hauteur (côté pédoncule) et les réserver. Évider délicatement les tomates avec une petite cuillère et les déposer bien serrées dans un plat allant au four. Saler, saupoudrer d'une pincée de sucre et arroser de la moitié d'huile d'olive. Enfourner et laisser cuire 15 min.

• Pendant ce temps, laver, sécher et couper la ciboulette en petites sections. Éplucher et émincer finement l'ail. Écraser le chèvre à la fourchette, ajouter la ciboulette, le thym, l'ail et le reste d'huile d'olive. Saler et poivrer généreusement.

• Sortir les tomates du four et laisser tiédir (15 min environ). Les farcir délicatement à l'aide d'une petite cuillère en veillant à ne pas déchirer la chair. Replacer les chapeaux et accompagner ces tomates de tranches de pain grillées frottées d'ail. Servir tiède ou bien froid.

Variante

Ajoutez des éclats d'olives noires dans la farce.

Conservation
24 h au réfrigérateur.

 Sancerre blanc (vallée de la Loire), servir à 9°

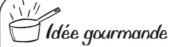 *Idée gourmande*
Entreposez les tomates déjà farcies 10 min au congélateur et servez-les légèrement givrées.

Le conseil de Julie

Vérifiez régulièrement la cuisson des tomates : elles doivent être légèrement confites mais ne doivent pas s'affaisser. Si c'est le cas, retirez-les avant la fin du temps de cuisson.

thon mi-cuit
à la japonaise

Paradoxe pour l'un des poissons les plus gras de nos marchés : le thon est souvent accusé d'être sec. Il est en effet plutôt délicat à cuire car il doit être saisi en restant rosé à l'intérieur pour garder son onctuosité. Personnellement, je l'aime presque cru, agrémenté d'une sauce acidulée qui réveille les papilles. Les ennemis de la crudité japonaise pourront rallonger légèrement les temps de marinade et de cuisson.

Pour 6 personnes

Préparation: 10 min
Cuisson: 2 min
Marinade: 10 min
Ingrédients
800 g de thon rouge en
2 filets, sans la peau
(800 g de thon surgelé)
2 cuil. à soupe de jus
de citron
2 cuil. à soupe de sauce
de soja japonaise
2 cuil. à soupe d'huile
de noix ou de noisette
2 cuil. à soupe d'huile
d'olive
1/2 botte de ciboulette
(3 cuil. à soupe de
ciboulette ciselée surgelée)
1 cuil. à soupe de graines
de sésame grillées
Sel et poivre du moulin

● Dans un bol, mélanger le jus de citron, la sauce de soja et les huiles. Saler et poivrer. Couper finement la ciboulette. Réserver.

● Laver le thon sous un filet d'eau, le sécher, puis le rouler dans du sel fin.

● Remplir un saladier d'eau glacée.

● Faire chauffer une poêle à feu vif, sans matière grasse. Saisir le thon 1 min sur chaque face (l'intérieur doit rester cru) et le plonger immédiatement dans le saladier d'eau glacée pour arrêter la cuisson. Le rincer soigneusement pour enlever le sel et le sécher.

● Découper chaque filet en tranches de 1,5 cm d'épaisseur et les disposer à plat sur une grande assiette. Verser la sauce sur le thon, répartir dessus les graines de sésame et 2 cuil. à soupe de ciboulette. Laisser mariner 10 min à température ambiante avant de servir.

Variante

– Remplacez l'huile de noix par de l'huile de sésame ou de l'huile d'olive bien parfumée et la ciboulette par l'herbe de votre choix.

Matériel

1 saladier, 1 poêle
antiadhésive

Calories: 220 kcal/pers

Conservation

Pas plus de quelques heures
au réfrigérateur, sinon, le
thon cuirait dans sa sauce.

Crozes-hermitage
blanc (côtes-du-rhône),
servir à 10°

– Vous pouvez aussi ajouter ces lamelles à une salade de pâtes à l'encre de seiche agrémentée de tomates cerises.

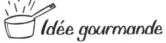

Idée gourmande

Servez ces lamelles de thon sur des tranches de pain de campagne grillées, légèrement imbibées de marinade.

Le conseil de Julie

Évitez les darnes qui ne sont pas assez épaisses pour la recette.

brochettes
de Saint-Jacques
au bacon

En entrée avec une salade ou telles quelles en apéritif, des brochettes chics qu'on prépare en un clin d'œil. N'hésitez pas à utiliser des noix de Saint-Jacques surgelées que vous ferez décongeler dans un mélange de lait et d'eau. Si l'on vous a vendu les noix avec le corail, ne le jeter pas, c'est l'occasion de préparer une sauce fraîche et inattendue. Poêlez rapidement les coraux, mixez-les avec de la crème fraîche et ajoutez un filet de citron. Un tour de moulin à poivre, et c'est prêt !

Pour 4 personnes

Préparation: 15 min
Cuisson: 5 min environ

Ingrédients
12 noix de Saint-Jacques, décoquillées par votre poissonnier et sans le corail ou surgelées
6 tranches fines de bacon
1 œuf
20 g de beurre
1 citron
1/2 bouquet de persil plat (3 cuil. à soupe de persil ciselé surgelé)
Le cœur d'une belle laitue (1 sachet de cœur de laitue)

• Laver et essorer les feuilles de laitue. Laver, sécher et ciseler le persil. Préparer la vinaigrette en mélangeant l'huile d'olive, 1 cuil. à soupe de jus de citron, du sel et du poivre fraîchement moulu. Ajouter la moitié du persil ciselé et mélanger soigneusement.

• Mélanger la chapelure et le reste du persil ciselé dans une assiette. Couper les tranches de bacon en deux. Laver et sécher les Saint-Jacques.

• Faire chauffer le beurre dans la poêle à feu vif et faire cuire les Saint-Jacques 20 s sur chaque face. Ne pas nettoyer la poêle.

• Entourer chaque noix d'1/2 tranche de bacon et les enfiler 3 par 3 sur les brochettes. Battre l'œuf à la fourchette dans une assiette creuse et y plonger les brochettes avant de les rouler dans la chapelure persillée.

• Faire dorer les brochettes 2 min sur chaque face à feu vif. Poivrer légèrement.

50 g de chapelure
3 cuil. à soupe d'huile
d'olive
Sel et poivre du moulin

Matériel
1 poêle, 4 petites
brochettes

Calories: 300 kcal/pers

Conservation
Déconseillée.

Saint-joseph blanc
(côtes-du-rhône),
servir à 10°

• Dans chaque assiette, disposer une brochette et quelques feuilles de salade. Arroser les brochettes du jus de citron et la salade de vinaigrette au persil. Servir bien chaud.

Variante

Vous pouvez remplacer le bacon par du lard fumé et le persil par de la ciboulette.
Si vous utilisez des noix de pétoncles, prévoyez 5 noix par personne.

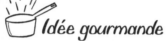

Idée gourmande

Saupoudrez les brochettes d'1 cuil. à soupe de graines de sésame grillées.

Le conseil de Julie

Si vous utilisez des coquilles Saint-Jacques surgelées, faites-les décongeler à température ambiante dans un mélange d'eau et de lait, et séchez à l'aide d'essuie-tout.

tarte
aux petits oignons
et aux raisins

Cuits entiers, ces petits oignons légèrement acidulés ont l'avantage d'être très décoratifs. Regrettons seulement les fastidieuses et larmoyantes séances d'épluchage qu'ils imposent. Heureusement, les surgelés sont là pour nous éviter quelques larmes. En revanche, oubliez les petits oignons au vinaigre conservés en bocaux qui rendraient votre tarte plus acide qu'acidulée. Sorte de « mise en tarte » des petits oignons à la grecque, cette tarte plaira à tous les amateurs de saveurs sucrées-salées.

Pour 6 personnes

Préparation: 10 min
Cuisson: 30 min

Ingrédients
1 rouleau de pâte feuilletée prête à dérouler (environ 250 g)
500 g de petits oignons grelots frais ou surgelés
80 g de raisins secs
1 cuil. à soupe de miel liquide
1 cuil. à soupe de vinaigre de xérès
50 g de beurre
Sel et poivre du moulin

Matériel
1 poêle, 1 moule à tarte,

● Verser un peu d'eau tiède sur les raisins secs pour qu'ils gonflent légèrement. Éplucher les oignons.

● Préchauffer le four à 210 °C (th. 7). Faire chauffer le beurre dans une poêle à feu doux. Ajouter les oignons et laissez fondre 5 min en remuant souvent. Verser le vinaigre, gratter le fond de la poêle avec une spatule, ajouter le miel, les raisins égouttés, saler, poivrer et mélanger pour bien enrober les oignons. Laisser cuire 20 min environ, ou jusqu'à ce que les oignons soient confits.

● Pendant ce temps, déposer la pâte dans le moule sur son papier de cuisson. Piquer le fond et le bord avec une fourchette, couvrir d'une feuille de papier d'aluminium et recouvrir de noyaux de cuisson ou de légumes secs. Enfourner et laisser cuire 20 min.

● Retirer le papier d'aluminium et les noyaux de cuisson. Verser la préparation aux oignons sur le fond de tarte et faire cuire au four encore 5 min. Servir tiède.

noyaux de cuisson ou
légumes secs, papier
d'aluminium

Calories: 350 kcal/pers

Conservation
2 jours au réfrigérateur.
Peut être congelé.

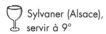 Sylvaner (Alsace),
servir à 9°

Variante
Remplacez les oignons grelots par des oignons rouges émincés.

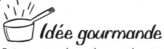 **Idée gourmande**
Faites cuire dans des moules à tartelettes individuels et décorez de
ciboulette ciselée.

Le conseil de Julie
Utilisez des raisins de Corinthe (les plus foncés) pour jouer sur les
contrastes de couleurs.

tarte
aux échalotes
et au parmesan

Entre ail et oignon, les échalotes ont du mal à trouver leur place dans notre garde-manger. Leur douceur et leur finesse méritent pourtant qu'on s'y attache. Confites et légèrement sucrées, elles sont ici mises en valeur par le piquant du parmesan. Choisissez des échalotes de petite taille (appelées échalotes grises), elles seront plus parfumées et cuiront moins longtemps que les longues. Avec une salade de betteraves et un chianti fruité, voilà une tarte qui pourrait bien faire tout un repas.

Pour 6 personnes

Préparation: 20 min
Cuisson: 55 min

Ingrédients

1 rouleau de pâte brisée prête
à dérouler (environ 250 g)
10 échalotes
150 g de parmesan
6 œufs
20 cl de crème fraîche
30 g de beurre + 1 noix
pour le moule
1 cuil. à café de sucre
en poudre
1 cuil. à café de thym frais
ou séché
1 pincée de noix muscade
Sel et poivre du moulin

● Préchauffer le four à 210 °C (th. 7). Beurrer le moule à tarte et y dérouler la pâte brisée. Piquer le fond et les côtés à la fourchette. Recouvrir la pâte de papier d'aluminium et de légumes secs. Enfourner et faire cuire 15 min.

● Pendant ce temps, éplucher les échalotes, en hacher 2 et couper les autres en deux dans le sens de la longueur.

● Faire fondre le beurre dans la poêle et disposer à plat les demi-échalotes. Saupoudrer de sucre et arroser d'1 cuil. à soupe d'eau. Couvrir et laisser confire 10 min à feu doux. Retourner les demi-échalotes, ajouter les échalotes hachées, couvrir et laisser cuire 15 min supplémentaires en remuant de temps en temps.

● Râper le parmesan. Dans un saladier, mélanger les œufs, le parmesan, la crème, la noix muscade et le thym. Saler et poivrer.

● Répartir les échalotes sur le fond de tarte précuit et recouvrir de crème au parmesan. Enfourner et laisser cuire encore 15 min. Servir tiède.

entrées

Matériel
1 grande poêle avec
couvercle, 1 saladier,
1 moule à tarte, noyaux de
cuisson ou légumes secs,
papier d'aluminium

Calories: 550 kcal/pers

Conservation
2 jours au réfrigérateur.
Servez froid ou réchauffez
10 min à four chaud.

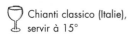 Chianti classico (Italie),
servir à 15°

Variante

Remplacez les échalotes par une vingtaine de petits oignons blancs que vous ferez confire entiers.

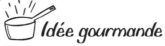 **Idée gourmande**

Servez cette tarte accompagnée d'une salade de votre choix assaisonnée à l'huile d'olive et au vinaigre à l'échalote.

Le conseil de Julie

Évitez d'utiliser du parmesan déjà râpé, plus sec et bien moins savoureux.

pissaladière

Une part de pissaladière, une belle salade de roquette à l'huile d'olive et un verre de côtes-de-provence rosé… Fermez les yeux, vous voilà attablé sous le brûlant soleil du Midi, protégé par une tonnelle…

Pour 6 personnes

Préparation: 10 min
Cuisson: 40 min

Ingrédients
1 rouleau de pâte à pizza
(environ 250 g)
600 g d'oignons
2 gousses d'ail (2 cuil. à
café d'ail émincé surgelé)
5 cuil. à soupe de pulpe
de tomate
1 brin de thym (2 cuil.
à café de thym séché)
10 filets d'anchois à l'huile
d'olive
12 petites olives noires
de Provence
1 cuil. à café de sucre
3 cuil. à soupe d'huile d'olive
Sel et poivre du moulin

Matériel
1 poêle

Calories: 340 kcal/pers

Conservation
2 jours au réfrigérateur.

Coteaux-d'aix rosé
(Provence),
servir à 9-11°

• Préchauffer le four à 240 °C (th. 8) et retirer la plaque. Dérouler la pâte sur sa feuille de cuisson et entreposer au réfrigérateur. Éplucher et émincer les oignons, hacher finement l'ail.

• Faire chauffer 2 cuil. à soupe d'huile d'olive dans une poêle et verser les oignons et l'ail. Ajouter le brin de thym, saler, poivrer et sucrer. Mélanger soigneusement et laisser cuire 15 min à feu doux en remuant souvent. Ajouter la pulpe de tomate et faire cuire encore 5 min en augmentant le feu pour que l'eau des tomates s'évapore.

• Verser cette préparation sur la pâte. Répartir harmonieusement les filets d'anchois et les olives noires. Enfourner et laisser cuire jusqu'à ce que la pâte soit bien croustillante, 20 min environ. Arroser d'1 cuil. à soupe d'huile d'olive et servir tiède ou froid.

Variante

Remplacez la pâte à pizza par de la pâte à pain ou de la pâte feuilletée.

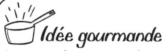

Idée gourmande
Ajoutez une bonne pincée de quatre-épices.

tarte légère
aux tomates confites et olives noires

Pour 4 personnes

Préparation: 25 min
Cuisson: 1 h

Ingrédients
6 feuilles de brick
1 kg de tomates mûres mais
fermes
130 g d'olives noires
dénoyautées
3 gousses d'ail rose (si
possible)
50 g de beurre
2 cuil. à soupe d'huile d'olive
3 brins de thym frais
1 cuil. à café de sucre
1 cuil. à soupe de jus
de citron
Sel et poivre du moulin

Matériel
1 petit moule à tarte,
1 casserole, papier
d'aluminium

Calories: 290 kcal/pers

Conservation
Évitez de conserver cette
tarte plus de 24 h et faites
réchauffer à four doux.

Corbières rosé
(Languedoc),
servir à 11°

● Préchauffer le four à 120 °C (th. 4). Laver et sécher les tomates, retirez le pédoncule vert, les couper en deux et les vider de leurs graines sans les abîmer.

● Huiler légèrement une feuille de papier d'aluminium et la poser sur la plaque du four. Disposer dessus les tomates face bombée vers le haut. Arroser de 2 cuil. à soupe d'huile d'olive. Saler, sucrer, poivrer et parsemer 1 brin de thym effeuillé. Répartir les gousses d'ail épluchées et coupées en quatre. Enfourner et laisser cuire 45 min.

● Concasser finement les olives, ajouter le jus de citron, poivrer et bien mélanger.

● Faire fondre le beurre 10 min avant la fin de la cuisson. Détacher les feuilles de brick de leur papier, poser une de ces feuilles de papier sulfurisé dans le fond du moule. Badigeonner les feuilles de brick une par une de beurre fondu et les superposer dans le moule en rosace pour que les bords débordent largement. Bien les enfoncer pour que le fond soit totalement lisse.

● Étaler la purée d'olives noires sur le fond de tarte. Retirer les tomates du four et augmenter la température à 180 °C (th. 6). Répartir dessus les demi-tomates, les dés d'ail et le reste de feuilles de thym. Arroser de l'huile de cuisson des tomates. Enfourner et laissez cuire 10 min. Sortir la tarte du moule en soulevant le papier et poser le tout directement sur la plaque, et laisser cuire encore 5 min. Servir sans attendre.

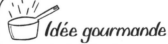

Idée gourmande
Ajoutez des lamelles de mozzarella sous les tomates.

tarte fine
aux tomates et au basilic

La simplicité faite tarte. Les blasés pourront toujours lui ajouter des filets d'anchois, du romarin frais ou des morceaux de feta, mais moi je l'aime comme ça. Petit conseil côté Caddie : vérifiez que votre pâte feuilletée porte la mention « pur beurre », car les matières grasses végétales laissent souvent un voile gras dans la bouche.

Pour 6 personnes

Préparation: 10 min
Cuisson: 35 min

Ingrédients
1 rouleau de pâte feuilletée
prête à dérouler (environ
250 g)
800 g de tomates
2 oignons (300 g d'oignons
émincés surgelés)
1/2 bouquet de basilic
(3 cuil. à soupe de basilic
ciselé surgelé)
1 branche de thym frais
(2 cuil. à café de thym séché)
10 olives noires
1 cuil. à soupe de sucre
en poudre
3 cuil. à soupe d'huile
d'olive
Sel et poivre du moulin

Matériel
1 grande casserole,
1 grande poêle

la concassée

● Porter de l'eau à ébullition dans une grande casserole. Laver, sécher et ciseler le basilic (garder quelques feuilles pour le décor). Verser 1 cuil. à soupe d'huile d'olive dans un bol et y ajouter le basilic. Mélanger. Couper 1 tomate en rondelles. Plonger les autres 10 s dans l'eau bouillante. Les rafraîchir à l'eau froide, les peler, les épépiner et les couper en morceaux.

● Préchauffer le four à 210 °C (th. 7) après avoir retiré la plaque. Éplucher et émincer les oignons. Faire chauffer 2 cuil. à soupe d'huile d'olive dans une grande poêle et y faire revenir les oignons pendant 5 min. Ajouter les tomates pelées et le thym, mélanger et laisser cuire 10 min environ jusqu'à ce que la préparation soit légèrement desséchée.

la pâte feuilletée prend un air tarte

● Dérouler la pâte en la laissant sur son papier de cuisson. Rouler légèrement les bords sur eux-mêmes et piquer toute la surface de quelques coups de fourchette. Étaler le mélange huile-basilic, recouvrir de la préparation aux tomates et répartir dessus les rondelles de tomate fraîche. Saler, poivrer et saupoudrer de sucre en poudre. Ajouter les olives et enfourner. Laisser cuire 20 min environ.

Calories: 270 kcal/pers

Conservation

2 jours au réfrigérateur.
Vous pouvez également
surgeler cette tarte crue ;
il est alors inutile de la faire
décongeler, comptez
simplement 5 min de
cuisson supplémentaires.

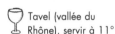 Tavel (vallée du
Rhône), servir à 11°

• Avant de servir, décorer de quelques feuilles de basilic frais.
Servir chaud ou frais.

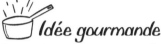 *Idée gourmande*

Servez cette tarte avec une salade d'herbes à laquelle vous aurez
ajouté l'autre moitié du bouquet de basilic.

Le conseil de Julie

– Pour gagner du temps, utilisez des tomates pelées en boîte (n'oubliez
pas d'acheter 1 tomate fraîche), des oignons et du basilic surgelés.
– Cette tarte peut être préparée à l'avance et réchauffée 10 min à
160 °C (th. 5-6).

feuilleté
aux épinards

Une pastilla végétarienne montée en deux tours de main. Pour vous simplifier la vie, remplacez les épinards en branches par des pousses que l'on peut faire cuire à la poêle, tout entières et toutes crues. Bon à savoir : les épinards ne supportent pas d'attendre, ni dans votre bac à légumes, ni dans l'eau de votre évier, et encore moins une fois qu'ils sont passés à la casserole. À consommer sans modération.

Pour 6 personnes

Préparation: 25 min
Cuisson: 20 min

Ingrédients
6 feuilles de brick
600 g d'épinards frais
(800 g d'épinards surgelés)
2 oignons (300 g d'oignons émincés surgelés)
1 gousse d'ail (1 cuil. à café d'ail émincé surgelé)
50 g de noisettes
60 g de raisins secs
100 g de beurre
60 g de parmesan
4 cuil. à soupe de crème fraîche
1 pincée de coriandre en poudre
1 pincée de noix muscade en poudre
Sel et poivre du moulin

• Laver, essorer et équeuter les épinards. Faire chauffer 20 g de beurre dans une sauteuse et les faire fondre à feu moyen pendant 10 min.

• Pendant ce temps, peler et émincer les oignons et l'ail. Râper le parmesan. Hacher grossièrement les noisettes. Préchauffer le four à 180 °C (th. 6).

• Égoutter les épinards dans une passoire.

• Faire fondre 20 g de beurre dans la sauteuse et y faire revenir les oignons et l'ail, ajouter les épinards, la crème, les noisettes, les raisins secs et la pincée de coriandre. Saler, poivrer et muscader. Mélanger. Laisser cuire 10 min à feu doux en remuant de temps en temps. Rectifier l'assaisonnement et réserver.

• Pendant ce temps, faire fondre 50 g de beurre dans une petite casserole ou au micro-ondes. Détacher les feuilles de brick de leur papier de présentation et les badigeonner de beurre fondu sur une face. Beurrer le moule et y déposer deux feuilles de brick superposées. Étaler un tiers des épinards, recouvrir d'une feuille de brick. Recommencer l'opération et terminer par deux feuilles

Matériel
1 sauteuse, 1 passoire,
1 petite casserole, 1 moule
à tarte

Calories: 420 kcal/pers

Menetou-salon blanc
(Centre), servir à 9°

superposées. Parsemer de parmesan râpé et ajouter quelques noisettes de beurre sur le dessus.

● Enfourner et laisser cuire 10 min. Servir immédiatement.

Variante

Remplacez les noisettes par des amandes ou des pignons. Pour un plat encore plus léger, utilisez 4 feuilles de brick et de la crème fraîche allégée.

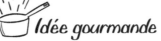 *Idée gourmande*

Faites dorer les noisettes à la poêle pour retirer leur peau et rehausser leur saveur.

Le conseil de Julie

– Pour gagner du temps, utilisez des épinards surgelés à la crème.
– Si vous n'avez pas de moule à tarte, posez le feuilleté sur une des feuilles de papier sulfurisé servant à séparer les feuilles de brick.

Cake
aux carottes et aux noisettes

Je peux difficilement lancer une invitation pour un dîner de copines sans prévoir un cake aux carottes. Cette recette fait un malheur chez les filles – le côté végétal sans doute. Les garçons, plutôt carnivores, regretteront peut-être la terrine de foies de volaille, mais ils ne résistent pas longtemps au petit goût de noisette. Une version légère et originale du cake salé.

Pour 8 personnes

Préparation: 20 min
Cuisson: 55 min

Ingrédients
6 grosses carottes (600 g de carottes râpées en sachet)
1 gros oignon (200 g d'oignons émincés surgelés)
1 gousse d'ail (1 cuil. à café d'ail émincé surgelé)
1 cuil. à soupe de persil plat ciselé frais ou surgelé
3 œufs
15 g de beurre
1 cuil. à soupe de levure de bière
1 cuil. à café de cumin en grains
1/2 cuil. à café de paprika
125 g de poudre de noisette
1 cuil. à soupe de farine

hachez tout!

● Préchauffer le four à 210 °C (th. 7). Laver, éplucher et râper ou hacher les carottes. Éplucher et émincer l'oignon et l'ail.

● Dans un saladier, mélanger les carottes et la poudre de noisette.

et cake on fait maintenant?

● Faire chauffer l'huile dans une poêle à feu moyen, ajouter l'oignon et l'ail et faire revenir 5 min environ, jusqu'à ce qu'ils deviennent translucides.

● Battre les œufs en omelette avec la levure de bière et la farine. Verser le tout dans le saladier. Ajouter l'oignon et l'ail, le cumin, le paprika, le persil, le sel, le poivre et mélanger soigneusement.

● Beurrer le moule et y verser la préparation. Lisser la surface et enfourner. Laisser cuire 50 min. Pour contrôler la cuisson, enfoncer la lame d'un couteau : si elle en ressort sèche, c'est que le cake est cuit.

1 cuil. à soupe d'huile neutre
Sel et poivre du moulin

Matériel
1 râpe ou un hachoir,
1 poêle, 1 saladier,
1 moule à cake

Calories: 190 kcal/pers

Conservation
4 jours, enroulé dans un
torchon, au réfrigérateur.

 Saint-pourçain rosé
(Centre), servir à 10°

Variante

Variez les épices : remplacer le paprika par de la noix muscade et le cumin par de la coriandre ou de la cannelle.

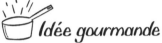 *Idée gourmande*

Servez ce cake en entrée, découpé en tranches, accompagné d'une salade verte assaisonnée à l'huile de noix, au vinaigre blanc et au jus d'orange. À l'apéritif, présentez-le en dés piqués avec des grains de raisin frais.

Le conseil de Julie

Si vous n'avez pas de hachoir, achetez des carottes râpées en sachet pour gagner du temps.

Cake
aux olives et
au fromage de brebis

Toujours simples à préparer, les cakes demandent toutefois un peu de patience ; ils doivent cuire lentement, à four moyen, de façon que l'intérieur soit pris sans que la croûte cartonne. En respectant les proportions, vous pouvez varier les ingrédients à l'infini : thon, petits légumes, anchois, poivrons...

Pour 8 personnes

Préparation: 20 min
Cuisson: 1 h 15

Ingrédients
250 g de farine
100 g d'olives vertes
dénoyautées
10 olives noires
dénoyautées
150 g de jambon blanc
dégraissé
150 g de fromage
de brebis des Pyrénées
4 œufs
1 sachet 1/2 de levure
chimique
10 cl de vin blanc sec
10 cl d'huile d'olive
20 g de beurre pour
le moule
Poivre du moulin

● Préchauffer le four à 160 °C (th. 5-6). Couper le jambon en petites lamelles, râper le fromage et couper les olives en deux.

● Dans un saladier, mélanger la farine et la levure. Ajouter l'huile, le vin blanc et les œufs. Mélanger jusqu'à ce que le mélange soit bien lisse. Ajouter le fromage, le jambon et les olives, poivrer généreusement et mélanger à nouveau.

● Beurrer un moule à cake. Verser la préparation et lisser le dessus. Enfourner et faire cuire 1 h 15. Démouler le cake encore chaud. Servir en tranches, tiède ou froid, accompagné d'une salade verte relevée d'une vinaigrette à la moutarde.

Variante
Remplacez le fromage de brebis par du comté ou du chèvre sec.

Matériel

1 saladier, 1 râpe, 1 moule
à cake

Calories: 480 kcal/pers

Conservation

3 jours au réfrigérateur,
enroulé dans du film
alimentaire. Vous pouvez
servir les restes coupés en
dés à l'apéritif.

Jurançon sec
(Sud-Ouest), blanc,
servir à 9°

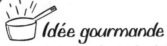

Idée gourmande

Utilisez du jambon fumé à la place du jambon blanc.

Le conseil de Julie

Placez le fromage 15 min au congélateur avant de le râper pour qu'il soit
bien dur.

terrine
de saumon fumé

Un plat préparé à l'avance qui vous permet de réaliser un tour de force : prendre l'apéritif avec vos amis. Cette recette ne vous oblige pas à acheter la fine fleur du saumon fumé, il suffit d'ouvrir l'œil. La couleur doit être uniforme, les tranches bien nettes, sans déchirures, sans perles d'humidité, et surtout les bords ne doivent pas être desséchés ni jaunis. Soyez seulement exigeant sur la finesse des tranches, la légèreté de votre terrine en dépend.

Pour 8 personnes

Préparation: 30 min
Réfrigération: 4 h

Ingrédients
12 fines tranches
de saumon fumé
100 g d'œufs de saumon
20 cl de crème fraîche
épaisse
1 gros bouquet d'aneth
1/2 citron
40 cl de gelée au madère
1 pincée de noix muscade
Poivre du moulin

Matériel
1 petite casserole, 1 terrine

Calories: 270 kcal/pers

Conservation
2 jours au réfrigérateur
(couvrez le moule de film
alimentaire).

● Préparer la gelée comme indiqué sur le paquet et laisser tiédir. Effeuiller et ciseler l'aneth. Découper les tranches de saumon selon la forme du moule. Couper les chutes en petits morceaux. Dans un bol, mélanger les chutes, la crème fraîche, le jus du 1/2 citron, le poivre et la noix muscade. Fouetter à la fourchette.

● Lorsque la gelée a refroidi mais reste encore liquide, en verser un fond dans la terrine, saupoudrer d'aneth, recouvrir d'une tranche de saumon et la badigeonner de crème au saumon.

● Verser une nouvelle couche de gelée et continuer l'opération jusqu'à épuisement en terminant par une tranche de saumon. Répartir les œufs de saumon sur le dessus et verser un peu de gelée pour les figer.

● Entreposer la terrine 4 h au moins au réfrigérateur.

● Découper en tranches et servir avec du pain de seigle ou du pain de campagne grillé.

Variante

Terrine de truite fumée. Remplacez le saumon par de la truite fumée.

Tokay-pinot gris
(Alsace), blanc,
servir à 9°

Terrine de saumon frais mariné au citron vert. Remplacez le saumon fumé par des tranches de saumon frais marinées au citron vert.

 *Idée gourmande*

Accompagnez cette terrine d'une salade d'herbes fraîches assaisonnée au citron et à l'huile d'olive.

Le conseil de Julie

S'il vous reste du saumon fumé, n'hésitez pas à le congeler en prenant soin de l'emballer dans une feuille de papier d'aluminium.

foie gras
en terrine

Qui a dit que les copains devaient être privés de foie gras pour cause de budget serré ?

Le foie gras frais est deux fois moins cher que le foie gras en terrine, mais il doit être choisi avec vigilance. Conseils : évitez les super-marchés et copinez avec le volailler, privilégiez les foies du Sud-Ouest (bien meilleurs que ceux des pays de l'Est), préférez-les d'un poids moyen (450 à 650 g), sans taches et d'une couleur uniforme. Cette recette s'accommode de tous les foies : les défenseurs de l'oie vanteront le fondant de sa chair, les fans du canard, dont je suis, évoqueront sa saveur corsée, voire rustique. À vous de goûter…

Pour 6 personnes

Préparation : 20 min
Repos : 2 jours
Cuisson : 40 min

Ingrédients
1 foie gras de canard cru
de 600 à 700 g
100 g de graisse d'oie
1 cuil. à soupe bombée
de sel fin
1 bonne pincée de poivre
noir moulu
1 petite pincée de noix
muscade râpée
1 petite pincée de clou
de girofle en poudre

● Sortir le foie du réfrigérateur 1 h avant de le préparer pour qu'il soit plus souple. Séparer les deux lobes à la main. Saisir avec deux doigts le nerf qui apparaît à la base du lobe et tirer douce-ment tout le long de son trajet. Si nécessaire, le dégager avec la pointe d'un couteau.

● Dans un bol, mélanger le sel, le poivre et les épices. Placer le foie dans un petit saladier. Assaisonner le foie à l'extérieur et l'in-térieur avec le sel épicé. Faire pénétrer en frottant la surface avec vos doigts. Arroser avec le cognac et le porto. Couvrir le plat et laisser mariner au réfrigérateur 24 h.

● Le lendemain, préchauffer le four à 150 °C (th. 5). Disposer le foie dans une terrine (ovale de préférence) et tasser bien. Poser le couvercle (ou couvrir avec une feuille de papier d'aluminium) et déposer la terrine dans un bain-marie fait d'un grand plat allant au four, à moitié rempli d'eau. Enfourner et laisser cuire 40 min.

1 petite pincée
de gingembre en poudre
(on peut remplacer ces
4 ingrédients par 1/2 cuil.
à café de mélange
4-épices)
1 bonne pincée de cannelle
1 cuil. à soupe de cognac
1 cuil. à soupe de porto

Matériel
1 petit saladier, 1 terrine
avec couvercle, 1 grand
plat allant au four, 1 petite
casserole

Calories: 450 kcal/pers

Conservation
1 semaine au réfrigérateur.
Veillez à ce que la terrine
soit toujours recouverte
d'une fine couche de
graisse d'oie.

 Meursault (Bourgogne),
servir à 9-11°

● Sortir la terrine du four et laisser refroidir dans le bain-marie. Pendant ce temps, faire fondre la graisse d'oie dans une petite casserole à feu très doux. Ôter le couvercle et couvrir avec la graisse d'oie. Laisser reposer 24 h au réfrigérateur.

● Sortir la terrine 10 min avant de servir. Retirer la graisse en surface et servir avec une cuillère trempée dans l'eau chaude. Accompagner de toasts briochés encore chauds.

Variante

Pour les grandes occasions, vous pouvez ajouter quelques lamelles de truffe. Après avoir placé le foie dans la terrine, glissez-les entre les deux lobes et n'oubliez pas de bien tasser le foie avant de l'enfourner.

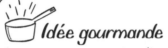 **Idée gourmande**

Accompagnez cette terrine d'une petite salade verte au roquefort assaisonnée avec une huile neutre. L'acidité du roquefort équilibre parfaitement la douceur du foie gras. Servez avec un meursault ou un gewurztraminer, moins sucré que le sauternes.

Le conseil de Julie

Préparez une grande quantité de sel épicé, vous pourrez vous en servir comme un assaisonnement de base pour tous vos plats et vous n'aurez plus qu'à en mettre 2 cuil. à café dans votre prochaine terrine.
Ne jetez pas la graisse de cuisson et utilisez-la pour faire rissoler des petites pommes de terre.

terrine
de foies de volaille

Une arme de séduction infaillible. Pas un mec ne saurait résister à cette terrine rustique et franchement parfumée à l'armagnac. Une recette ouvertement inspirée de celle de Michel Guérard, qui avait eu la bonne idée de laisser les foies en morceaux. Très simple à réaliser, ultra-économique, elle doit seulement être préparée deux jours à l'avance.

Pour 10 personnes

Préparation: 20 min
Repos: 2 jours
Cuisson: 1 h 45

Ingrédients
700 g de foies de volaille
300 g de porc haché
300 g de lardons fumés
10 cuil. à soupe d'armagnac
5 gousses d'ail (2 cuil. à soupe d'ail émincé surgelé)
1 bouquet de persil plat (une demi-boîte de persil ciselé surgelé)
1 sucre
1 large bande de barde de lard (chez le boucher)
Sel et poivre du moulin

Matériel
1 saladier, 1 terrine,
1 grand plat allant au four

● Préchauffer le four à 180 °C (th. 6). Couper les lardons en petits dés. Retirer le nerf principal des foies de volaille (inutile d'enlever tous les petits nerfs) et les couper en quatre. Laver, essorer et hacher le bouquet de persil, tiges comprises. Éplucher et émincer finement les gousses d'ail.

● Dans un saladier, mélanger le porc haché, les dés de lardons, les foies de volaille, le persil, l'ail, verser l'armagnac, ajouter un sucre, saler légèrement (les lardons sont déjà salés), poivrer et mélanger soigneusement.

● Tapisser la terrine de barde de lard et verser la préparation. Recouvrir de barde et déposer la terrine dans un grand plat allant au four à moitié rempli d'eau. Enfourner et laisser cuire 1 h 45.

● Sortir la terrine du four et laisser refroidir dans le bain-marie. Poser une planche surmontée d'un poids (boîtes de conserve, canettes...) pour la tasser et laisser reposer 2 jours au réfrigérateur.

● Avant de servir, démouler la terrine, retirer la barde et la graisse de cuisson. Servir en tranches, à température ambiante, avec un pain de campagne croustillant.

Calories: 390 kcal/pers

Conservation
1 semaine, couverte d'une fine couche de saindoux.

Saint-véran
(Bourgogne), blanc,
servir à 9°

Variante

Pour une version de luxe, remplacez les foies de volaille par des foies de canard ou de lapin.

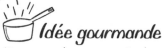

Idée gourmande

Ajoutez une bonne poignée de pistaches décortiquées non salées.

Le conseil de Julie

– Pour gagner du temps, hachez ensemble le persil et les gousses d'ail dans un hachoir électrique.
– Si possible, laissez reposer la terrine pendant une nuit avant de la cuire pour que les viandes s'imprègnent de l'armagnac.

soupe froide
de melon à la menthe

Cette soupe, très rafraîchissante, propose un sage et subtil mariage de saveurs qui vous permet de préparer une entrée délicate en trois tours de mixeur.

Pour 4 personnes

Préparation: 10 min
Réfrigération: 3 h au moins

Ingrédients
2 melons bien mûrs (600 g
de billes de melon surgelées)
5 cl de porto
1 citron (jus)
5 cuil. à soupe de crème
fraîche liquide
1 pincée de noix muscade
4 branches de menthe
(1 cuil. à soupe de menthe
ciselée surgelée)
Poivre du moulin

Matériel
1 mixeur, 1 saladier, film
alimentaire

Calories: 175 kcal/pers

Conservation
2 jours au réfrigérateur,
couvert d'un film alimentaire.

Monbazillac
(Sud-Ouest), blanc
moelleux, servir à 8°

• Couper les melons en deux, les épépiner, vider la chair à la cuillère et conserver les coques de melon. Presser le jus du citron.

• Mixer la chair des melons avec la pincée de muscade, le jus de citron et 2 cuil. à soupe d'eau. Lorsque le mélange a atteint une consistance de soupe, le verser dans un saladier ou une soupière. Ajouter la crème et le porto. Mélanger soigneusement et ajouter 2 branches de menthe entières. Couvrir avec du film alimentaire et entreposer au réfrigérateur pendant 3 h au moins.

• Retirer la menthe et servir dans les coques de melon. Donner quelques tours de moulin à poivre et ciseler la menthe restante au-dessus des assiettes.

Variante

Pour une soupe « régime » sans sacrifier au plaisir, remplacez la crème liquide par un grand verre de jus d'orange et supprimez le jus de citron.

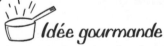

Idée gourmande
Ajoutez quelques lamelles de jambon de Parme dans les assiettes avant de servir.

Soupe fumée
aux poireaux et pommes de terre

Le petit goût de lardons fait de cette soupe revigorante une entrée canaille digne des bistrots parisiens les plus authentiques.

Pour 6 personnes

Préparation: 15 min
Cuisson: environ 1 h

Ingrédients
4 pommes de terre (bintje)
5 poireaux
200 g de lardons fumés dégraissés
2 cuil. à soupe d'huile d'olive
Sel et poivre du moulin

Matériel
1 grande sauteuse avec couvercle.

Calories: 270 kcal/pers

Conservation
2 jours. Peut être congelée.

Cahors (Sud-Ouest), servir à 16°

- Éliminer la base du poireau, retirer les feuilles extérieures, couper la partie vert foncé du poireau et le débiter en fines lamelles. Éplucher et couper les pommes de terre en gros cubes. Couper les lardons en petits dés.

- Faire chauffer l'huile dans la sauteuse. Faire dorer le lard fumé 3 min à feu moyen. Ajouter les poireaux et les cubes de pommes de terre. Laisser cuire jusqu'à ce que les poireaux fondent en évitant qu'ils ne brunissent (5 min environ).

- Verser 1,5 litre d'eau froide et 1 cuil. à café de sel et du poivre fraîchement moulu. Couvrir et laisser mijoter 45 min à feu doux. Servir bien chaud.

Variante

Si vous craignez son caractère rustique, passez cette soupe au mixeur avant de servir.

Idée gourmande

Ajoutez une bonne cuil. à soupe de crème fraîche avant de servir et saupoudrez de persil ou de ciboulette ciselés.

Le conseil de Julie

Laissez reposer la soupe 5 min avant de servir pour que les arômes se mélangent.

Velouté d'épinards
au cumin

Une entrée raffinée que l'on peut préparer pour un régiment aussi facilement que pour sa moitié. Vous pouvez, évidemment, utiliser des épinards frais, voire des pousses d'épinards, à la saveur plus fine, que vous n'aurez qu'à poêler quelques minutes.

Pour 4 personnes

Préparation: 5 min
Cuisson: 20 min

Ingrédients
350 g d'épinards hachés surgelés
15 cl de crème fraîche
1 pot de yaourt nature brassé
70 cl de bouillon de volaille (fait avec 2 cubes)
1 gousse d'ail (1 cuil. à café d'ail émincé surgelé)
1 cuil. à café de cumin en grains
1 cuil. à soupe d'huile d'olive
75 g de parmesan à râper
Poivre du moulin et sel (si nécessaire)

Matériel
2 casseroles

Calories: 270 kcal/pers

● Faire chauffer le bouillon de volaille dans une casserole. Éplucher et émincer finement l'ail.

● Faire chauffer l'huile d'olive dans une casserole et faire dorer le cumin pendant 2 min, à feu moyen. Ajouter l'ail, remuer et verser les épinards, laisser cuire 5 min à feu doux en remuant souvent.

● Verser le bouillon chaud sur les épinards, porter à ébullition, couvrir et laisser mijoter à feu doux pendant 15 min.

● Hors du feu, incorporer la crème et le yaourt en mélangeant avec une spatule. Poivrer et saler si nécessaire (attention, le bouillon est déjà salé).

● Servir immédiatement dans des assiettes creuses et saupoudrer de parmesan fraîchement râpé.

Variante

Velouté de blettes et d'oseille au cumin. Remplacez les épinards par un mélange de blettes et d'oseille.

Conservation

24 h au réfrigérateur.
Réchauffez à couvert et
à feu très doux.

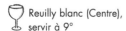 Reuilly blanc (Centre),
servir à 9°

 **Idée gourmande**

Saupoudrez cette crème de coriandre ciselée très finement.

Le conseil de Julie

Pour un plat plus léger, utilisez de la crème à 15 % de matière grasse et
n'ajoutez pas de parmesan.

soupe de tomates
à la provençale

Sauce de soja et vinaigre balsamique donnent à cette soupe un petit goût pointu qui renouvelle le traditionnel potage à la tomate de nos soirs d'hiver.

Pour 6 personnes

Préparation: 1 h
Cuisson: 10 min

Ingrédients

10 tomates moyennes,
environ 1,2 kg
(ou surgelées, ou 3 grosses
boîtes de tomates pelées
au naturel égouttées)
3 oignons (450 g d'oignons
émincés surgelés)
2 gousses d'ail (2 cuil. à
café d'ail émincé surgelé)
1 petite boîte de concentré
de tomate
1 cuil. à soupe de
moutarde forte de Dijon
1/2 litre de bouillon
(fait avec 1 cube)
1 cuil. à soupe de vinaigre
balsamique
1 cuil. à café de sauce
de soja japonaise
2 cuil. à soupe d'huile d'olive
1 cuil. à café de sucre
en poudre

• Porter à ébullition une grande quantité d'eau dans une casserole et y plonger les tomates pendant 20 s. Les passer sous l'eau froide et les éplucher.

• Éplucher et hacher les oignons et les gousses d'ail. Chauffer 50 cl d'eau dans une casserole et y diluer le cube de bouillon de volaille. Faire chauffer l'huile d'olive dans une cocotte et faire revenir oignon et ail à feu moyen pendant 3 min en remuant souvent. Ajouter le concentré de tomate, la moutarde et 1 cuil. à café de sucre. Mélanger et verser le bouillon de volaille, la sauce de soja et le vinaigre balsamique. Saler et poivrer. Laisser mijoter 5 min.

• Pendant ce temps, passer la chair des tomates au moulin à légumes (ou au mixeur) jusqu'à l'obtention d'un jus épais. Verser ce jus dans la sauteuse, mélanger et laisser chauffer 1 à 2 min. Rectifier l'assaisonnement et parsemer de basilic ciselé.

Variante

Pour faire de cette soupe un potage plus nourrissant, ajoutez 1 cuil. à soupe de crème fraîche avant de servir.

Quelques brins de basilic
(1 cuil. à soupe de basilic
ciselé surgelé)
Sel et poivre du moulin

Matériel
1 casserole, 1 cocotte,
1 moulin à légumes ou
1 mixeur

Calories: 180 kcal/pers

Conservation
2 jours au réfrigérateur.

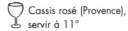 Cassis rosé (Provence),
servir à 11°

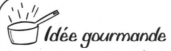 *Idée gourmande*

Servez cette soupe avec des rondelles de baguette tartinées de tapenade noire.

Le conseil de Julie

Pour gagner du temps, utilisez des tomates pelées en conserve ou surgelées.

Que faire des restes ?

Sauce tomate à la provençale. Pour transformer cette soupe en sauce tomate, laissez réduire sur feu doux jusqu'à ce qu'elle soit sirupeuse (20 min environ). Peut être congelée. Laissez décongeler à feu doux dans une casserole.

salade
aux pommes d'anne-marie

Les grands plats naissent souvent de petites erreurs. En voulant m'aider lors d'un dîner, une amie très chère versa sur une salade verte toute bête les dés de pommes que j'avais préparés pour un strudel. Le dessert fut frugal, mais la salade d'Anne-Marie avait fait un malheur. Lorsqu'on me questionne sur l'origine de cette recette, je déclare que je la tiens d'une vieille cuisinière normande. Il faut savoir préserver les mystères gastronomiques...

Pour 6 personnes

Marinade: 30 min
Préparation: 20 min
Cuisson: 5 min

Ingrédients
1 salade feuilles de chêne
150 g de pousses
d'épinards (150 g
de mâche en barquette)
1 grosse pomme golden
50 g d'amandes effilées
50 g de raisins secs
2 cuil. à soupe de calvados
3 cuil. à soupe de vinaigre
de xérès
5 cuil. à soupe d'huile
de noix
1/2 citron (jus)
Sel et poivre du moulin

Matériel
1 bol, 1 couteau économe,

● Verser les raisins dans un bol, ajouter le calvados et laisser mariner pendant 30 min.

● Pendant ce temps, laver et essorer la salade et les pousses d'épinards. Couper les plus grandes feuilles. Éplucher et détailler la pomme en petits dés, arroser avec le jus du demi-citron et verser dans le bol des raisins. Mélanger et laisser reposer au frais.

● Dorer les amandes dans une poêle antiadhésive à feu moyen, sans matière grasse, pendant 5 min environ.

● Préparer la vinaigrette. Verser le vinaigre dans le saladier, saler et poivrer généreusement. Ajouter l'huile en fouettant vivement. Mélanger les salades à la vinaigrette, puis verser les pommes, les raisins et leur marinade. Saupoudrer d'amandes dorées et servir sans attendre.

Variante

Vous pouvez ajouter quelques pluches de cerfeuil ou une cuil. à soupe d'estragon ciselé. Pour en faire un plat complet, ajoutez quelques dés de poulet cuit.

salades

1 poêle antiadhésive,
1 grand saladier

Calories: 160 kcal/pers

Conservation
Une fois assaisonnée,
cette salade ne peut être
conservée.

Pouilly-fuissé
(Mâconnais,
Bourgogne), servir à 9°

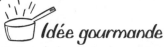

Idée gourmande

Cette salade est également la compagne idéale d'un plateau de fromages ou d'un chèvre chaud. Dans ce cas, diminuez les quantités ou servez-la pour 8 personnes, accompagnée de tranches de pain de campagne grillées.

Le conseil de Julie

Les pousses d'épinards sont tendres et fines, ne les confondez pas avec les feuilles, plus épaisses et légèrement âcres.

salade
de calmars au sésame

Cette salade inédite m'a été servie un soir de canicule sur la terrasse d'une maison d'hôte au Cap-Ferret. Un pur moment de bonheur. J'ai tenté de reproduire cette alchimie de saveurs, mais force est de constater que le cadre n'était pas innocent au miracle. Reste une recette amusante et rafraîchissante, réussie en quelques minutes.

Pour 6 personnes

Préparation: 20 min
Cuisson: 8 min

Ingrédients
1 kg de petits calmars ou supions (800 g d'anneaux de calmars surgelés)
1 salade frisée
3 cuil. à soupe de graines de sésame
4 cuil. à soupe d'huile de sésame
3 cuil. à soupe d'huile d'olive
3 cuil. à soupe de vinaigre de xérès (ou de cidre)
1/2 bouquet de coriandre fraîche (3 cuil. à soupe de coriandre ciselée surgelée)
Sel et poivre du moulin

Matériel
1 grande poêle, 1 saladier

Calories: 270 kcal/pers

- Faire chauffer la poêle sans matière grasse et faire blondir les graines de sésame 5 min sur feu moyen jusqu'à ce qu'elles soient bien dorées.

- Laver, sécher et ciseler la coriandre. Retirer le bec situé dans la poche des calmars. Couper les têtes et réserver les tentacules. Couper les poches en anneaux pas trop fins. Laver les anneaux et les tentacules à l'eau fraîche et les sécher soigneusement.

- Laver, essorer et déchirer les feuilles de salade. Dans un bol, verser le vinaigre, saler, poivrer et fouetter à la fourchette. Ajouter l'huile de sésame et 2 cuil. à soupe d'huile d'olive et continuer de mélanger. Verser la vinaigrette dans le saladier, ajouter la salade, le sésame doré et mélanger.

- Faire chauffer 1 cuil. à soupe d'huile d'olive dans la poêle. Jeter les calmars dans l'huile chaude et faites-les sauter à feu vif pendant 3 min en remuant souvent. Verser le contenu de la poêle sur la salade, saupoudrer de coriandre ciselée et servir immédiatement.

Variante
Mélangez persil plat, cerfeuil et coriandre.

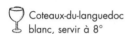
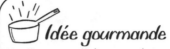 *Idée gourmande*

Versez un trait (1 bonne cuil. à soupe) de cognac sur les calmars en
début de cuisson et laisser cuire jusqu'à évaporation.

Le conseil de Julie

Les calmars ne doivent pas cuire trop longtemps si l'on veut éviter qu'ils
ne deviennent caoutchouteux.

salade
crabe-crevettes-ananas

Une salade très légère, facile à préparer, dont le succès tient à la fraîcheur des ingrédients. Choisissez des crevettes roses de belle taille, les petites n'ont pas beaucoup de goût. Évitez l'ananas en boîte, trop sirupeux, et optez pour une chair de crabe de très bonne qualité (Chatka, par exemple)... Mélangez, et c'est prêt !

Pour 6 personnes

Préparation: 20 min
Pas de cuisson
Repos: 1 h (facultatif)

Ingrédients
400 g de grosses crevettes roses cuites
1 boîte de chair de crabe (120 g net environ)
1 ananas
2 tomates
1 avocat
1 batavia (ou laitue)
1 cuil. à café de moutarde forte de Dijon
1/2 citron (jus)
4 cuil. à soupe d'huile d'olive
Sel et poivre du moulin

Matériel
1 ouvre-boîte, 1 saladier

Calories: 180 kcal/pers

- Laver, égoutter et déchirer les feuilles de salade.

- Peler l'ananas, retirer le cœur et couper la pulpe en petits cubes. Laver les tomates, retirer le pédoncule et les couper en deux. Les presser pour retirer les graines et les couper en dés. Peler l'avocat et l'émincer en tranches.

- Ouvrir la boîte de crabe, retirer les cartilages et réserver au frais, dans son eau. Décortiquer les crevettes.

- Presser le citron, verser le jus dans un bol, saler, poivrer, ajouter la moutarde et mélanger. Verser l'huile d'olive sans cesser de mélanger.

- Dans un saladier, placer les feuilles de salade et déposer l'ananas, les tomates, l'avocat, les crevettes et la chair de crabe avec une partie de son eau. Entreposer de préférence 1 h au réfrigérateur.

- Arroser de vinaigrette et mélanger avant de servir.

Variante

Remplacez l'ananas par une mangue et une pomme coupées en dés et remplacez la moutarde par une cuil. à café de gingembre frais râpé.

Conservation

Si vous souhaitez resservir cette salade, retirez les feuilles de batavia et conservez-la 24 h au maximum au réfrigérateur.

 Saumur blanc (vallée de la Loire), servir à 9°

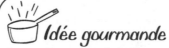 *Idée gourmande*

Saupoudrez votre salade de menthe fraîche ciselée et agrémentez la vinaigrette d'une bonne pincée de paprika.

Le conseil de Julie

Pour donner un goût plus exotique à votre salade, remplacez le citron par du citron vert.

salade
de pâtes aux poivrons et au cottage cheese

Une salade-repas qui mélange allègrement saveurs et couleurs. Si vous avez la possibilité de la préparer à l'avance, n'hésitez pas, elle est encore meilleure le lendemain, quand la vinaigrette l'a légèrement fait « tomber » et que les parfums sont unis jusqu'à l'assiette.

Pour 6 personnes

Préparation: 25 min
Cuisson: 10 min environ
Repos: 1 h (facultatif)

Ingrédients

500 g de farfalle (pâtes
sèches en forme
de papillons)
3 poivrons rouge, vert et
jaune (300 g de poivrons
à l'huile en bocal)
1 botte de petits oignons frais
200 g de cottage cheese
8 cuil. à soupe d'huile d'olive
3 cuil. à soupe de vinaigre
4 brins de basilic (1 cuil.
à soupe de basilic ciselé
surgelé)
Sel et poivre du moulin

Matériel

Papier d'aluminium,
1 grande casserole,
1 saladier

● Allumer le gril du four. Laver les poivrons, les couper en deux, retirer la tige verte, les filaments et les graines. Écraser les moitiés de poivrons avec le plat de la main et les déposer sur la plaque du four recouverte d'une feuille d'aluminium, la peau vers le haut. Laisser griller 5 à 10 min, jusqu'à ce que la peau se boursoufle et devienne noire. Retirer du four, laisser tiédir, ôter la peau avec la pointe d'un couteau et couper la chair en lanières.

● Pendant ce temps, porter à ébullition une grande quantité d'eau salée (5 litres environ) et faire cuire les pâtes le temps indiqué sur le paquet. Les égoutter, les rafraîchir sous l'eau froide et les arroser avec 2 cuil. à soupe d'huile d'olive. Réserver au frais.

● Laver les oignons et les émincer finement ainsi que la moitié de leurs tiges vertes. Laver, sécher et ciseler le basilic.

● Dans le saladier, verser le vinaigre, saler, poivrer et fouetter quelques instants. Ajouter le reste d'huile d'olive sans cesser de fouetter. Verser les pâtes, ajouter les lanières de poivron, les petits oignons et leurs tiges, le cottage cheese en petits morceaux et le basilic ciselé. Mélanger soigneusement et entreposer au réfrigérateur avant de servir.

Calories: 470 kcal/pers

Conservation
2 à 3 jours au réfrigérateur.

Saint-pourçain rouge
(Centre), servir à 15°

Variante

Remplacez le cottage cheese par du chèvre frais ou de la feta. Vous pouvez également remplacer le basilic par du thym frais.

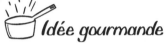

Idée gourmande

Ajoutez 1 poignée de pignons grillés et 2 cuil. à soupe de raisins secs.

Le conseil de Julie

À la sortie du four, enfermez les poivrons dans une feuille d'aluminium ou un sac de plastique et laissez tiédir, la peau sera plus facile à retirer.

salade
de poissons marinés
au lait de coco

Pour obtenir le précieux lait, je vous déconseille de passer votre noix au presse-agrumes. Mixez un sachet de pulpe séchée et râpée (en vente au rayon aides pâtissières) avec un peu d'eau chaude, ou optez pour le lait de coco en boîte (tout prêt en grandes surfaces).

Pour 4 personnes

Préparation: 15 min
Pas de cuisson

Ingrédients
300 g de cabillaud
300 g de filet de saumon
sans peau ni arêtes
3 échalotes (300 g
d'échalotes émincées
surgelées)
1/2 botte de coriandre
ciselée (3 cuil. à soupe de
coriandre ciselée surgelée)
2 petits piments oiseaux
2 cœurs de laitue
2 citrons verts
3 cuil. à soupe de lait
de coco
Sel et poivre du moulin

Matériel
1 râpe

Calories: 250 kcal/pers

• Laver le poisson, le découper en gros dés (2 × 2 cm) et le placer dans le saladier.

• Ajouter le zeste râpé d'1/2 citron et presser le jus des citrons verts. Éplucher et hacher finement les échalotes. Verser le tout sur le poisson, ajouter le lait de coco, les piments coupés en rondelles, saler, poivrer, mélanger délicatement et entreposer au réfrigérateur.

• Pendant ce temps, effeuiller les cœurs de laitue, laver et sécher les feuilles et les disposer dans les assiettes comme des petites coupelles. Garnir les feuilles avec le poisson et répartir la coriandre ciselée dessus. Décorer éventuellement avec des rondelles de citron. Servir sans attendre.

Variante

Utilisez les filets de poisson de votre choix: dorade, merlan, bar, empereur...

Conservation

12 h maximum au réfrigérateur. Plus longtemps, le poisson cuirait dans sa sauce.

 Côtes-de-provence blanc, servir à 11°

Idée gourmande

Ajoutez la chair d'un avocat coupée en dés.

Le conseil de Julie

Si vous avez le temps, laissez mariner le poisson 1 h au réfrigérateur avant de le déposer dans les cœurs de laitue.

salade d'épinards
aux œufs pochés et aux noisettes

Un conseil avant de faire vos courses : prévoyez 8 œufs si vous êtes un novice de l'œuf poché ! Les ratages sont presque inévitables. Rassurez-vous, le coup de main est facile à prendre et vous serez aidé dans votre entreprise par le « truc de la tasse à café »…

Pour 4 personnes

Préparation: 10 min
Cuisson: 3 min

Ingrédients
300 g d'épinards frais
4 œufs
2 échalotes (200 g
d'échalotes émincées
surgelées)
50 g de noisettes
concassées
4 cuil. à soupe d'huile
d'olive
4 cuil. à soupe de vinaigre
de vin
Sel et poivre du moulin

Matériel
1 casserole, 1 saladier,
4 tasses à café ou petits
ramequins

Calories: 310 kcal/pers

Conservation
Cette salade ne peut être
conservée.

le vert est mis

● Dans une casserole, faire chauffer 2 litres d'eau et 2 cuil. à soupe de vinaigre.

● Laver et égoutter les épinards soigneusement, retirer les côtes, déchirer les côtes et les feuilles. Éplucher et émincer les échalotes.

● Préparer la vinaigrette dans le saladier en mélangeant 2 cuil. à soupe de vinaigre, le sel, le poivre. Ajouter l'huile d'olive et les échalotes et continuer de mélanger quelques instants.

pochez donc!

● Casser les œufs et les placer chacun dans une tasse à café en faisant attention à ne pas percer le jaune. Lorsque l'eau frémit, placer 1 tasse à ras de l'eau et la renverser d'un coup sec pour que le blanc et le jaune tombent en même temps. Procéder de la même manière pour les 3 autres œufs en faisant attention à ne pas les laisser tomber trop près les uns des autres. Laisser cuire 3 min. Les retirer avec une écumoire ou une cuillère à soupe et les plonger dans une grande quantité d'eau froide pour arrêter la cuisson. Couper les filaments blancs qui dépassent.

● Mélanger les épinards et la vinaigrette dans le saladier, remuer et répartir dans les assiettes. Saupoudrer de noisettes concassées et déposer 1 œuf dans chaque assiette. Servir immédiatement.

Pouilly-sur-loire (Centre)
blanc, servir à 9°

Idée gourmande

Faites dorer les noisettes concassées à la poêle pour en rehausser la saveur.

Variante

Remplacez les épinards par une salade feuilles de chêne ou des feuilles de roquette. Pour une saveur plus rare encore, remplacez l'huile d'olive par de l'huile de noisette.

Le conseil de Julie

Pour savoir si un œuf est bien frais, plongez-le dans un grand verre d'eau salée : s'il remonte à la surface, il n'est plus bon.

salade grecque

Pour préparer en quelques minutes un déjeuner d'été coloré et savoureux à peu de frais. Je tiens cette recette d'un ami californien aussi soucieux de sa ligne que de ne pas s'éterniser dans sa cuisine. N'y aurait-il pas un peu d'Amérique en vous ?

Pour 6 personnes

Préparation: 20 min
Pas de cuisson

Ingrédients
300 g de feta
8 tomates
1 concombre
2 oignons rouges
25 olives noires dénoyautées
1/2 bouquet de menthe
(3 cuil. à soupe de menthe
ciselée surgelée)
1 citron vert (jus)
6 cuil. à soupe d'huile
d'olive
Sel et poivre du moulin

Matériel
1 couteau économe,
1 saladier

Calories: 317 kcal/pers

Conservation
48 h au réfrigérateur,
couvert d'un film
alimentaire.

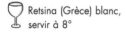 Retsina (Grèce) blanc,
servir à 8°

● Laver les tomates et les couper en quartiers. Éplucher le concombre avec un couteau économe. Le couper en deux dans la longueur et détailler chaque moitié en tranches fines. Couper la feta en cubes. Laver, effeuiller et ciseler la menthe. Couper les olives en deux. Peler et émincer finement les oignons.

● Préparer la vinaigrette dans le saladier en mélangeant le jus du citron vert, le sel et le poivre. Verser l'huile d'olive et continuer de mélanger quelques instants.

● Placer les légumes, la feta, les olives et la menthe dans le saladier, mélanger soigneusement et servir.

Variante

Remplacez la menthe par du basilic ou de la coriandre. Utilisez des olives noires farcies au piment.

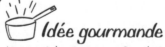 **Idée gourmande**

Ajoutez à la vinaigrette 3 cuil. à soupe de *Fraîcheur de concombre au yaourt* (p. 35) et nappez-en la salade.

Le conseil de Julie

Laissez reposer 2 h au réfrigérateur pour que les parfums se mélangent et servez bien frais.

Coleslaw

Tacos, T-bone, fish-and-chips, hamburger, fried chicken... Pas un plat d'outre-Atlantique ne songerait à s'afficher dans les assiettes sans une touche de coleslaw, cette salade sucrée-salée à base de chou, de carottes et de mayonnaise.

Pour 6 à 8 personnes

Préparation: 20 min
Repos au frais: 2 h

Ingrédients
1/2 chou blanc (1 sachet de chou émincé)
2 carottes
4 oignons en botte

Pour la sauce
5 cuil. à soupe
de mayonnaise
20 cl de crème liquide
2 cuil. à soupe de
moutarde forte de Dijon
1 cuil. à soupe de raifort
4 cuil. à soupe de vinaigre
de vin blanc ou de cidre
1 cuil. à soupe de sucre
Sel, poivre du moulin

Matériel
1 râpe, 1 grand saladier

Calories: 300 kcal/pers

Conservation
3 jours au réfrigérateur.

Cabernet de Saumur (Anjou-Saumur) rosé, servir à 9-11°

● Couper le chou en deux, retirer le cœur et les feuilles extérieures et l'émincer finement. Gratter et râper les carottes. Laver les oignons et leur tiges. Émincer le tout en fines lamelles.

● Dans le saladier, mélanger tous les ingrédients de la sauce en fouettant avec une fourchette entre chaque ajout. Verser les légumes émincés, mélanger soigneusement et entreposer 2 h au moins au réfrigérateur avant de servir. Servir bien frais.

Variante

Remplacez les oignons par 2 branches de céleri.

Idée gourmande

Ajoutez une poignée de raisins secs gonflés dans un peu d'eau tiède.

Le conseil de Julie

– Utilisez un robot pour émincer les légumes ou achetez des sachets de chou et carottes râpés au rayon frais des grandes surfaces.
– Préparez une grande quantité de salade, elle peut attendre votre coup de fourchette plusieurs jours au frais.

Carpaccio et salade
de roquette au parmesan

Le carpaccio a été baptisé ainsi par son inventeur, le cuisinier du célèbre Harry's Bar de Venise, en hommage à la finesse des tableaux du peintre du même nom. Bien placé dans la conversation, ça peut faire son petit effet sur vos invités…

Pour 4 personnes

Préparation: 10 min
Repos: 1 h
Pas de cuisson

Ingrédients

400 g de filet de bœuf
300 g de roquette
50 g de parmesan à râper
40 g de pignons
6 cuil. à soupe d'huile d'olive
1 citron (jus)
Sel, poivre du moulin

Matériel

Film alimentaire, 1 long couteau tranchant à lame fine, 1 poêle, 1 rouleau à pâtisserie (facultatif).

Calories: 420 kcal/pers

● Emballer la viande dans du film alimentaire et la placer 1 h au congélateur pour qu'elle se raffermisse.

● Pendant ce temps, préparer la vinaigrette en émulsionnant le jus du citron, l'huile d'olive, du sel et du poivre. Laver et essorer les feuilles de roquette.

● Détailler le parmesan en copeaux. Faire dorer les pignons 5 min dans une poêle antiadhésive.

● Retirer la viande du réfrigérateur et la couper en tranches aussi fines que possible. Placer les tranches entre deux feuilles de film alimentaire et les aplatir avec un rouleau à pâtisserie jusqu'à ce qu'elles deviennent presque transparentes.

● Huiler légèrement 4 assiettes et les couvrir avec les tranches de bœuf. Arroser chaque assiette avec 1 cuil. à soupe de vinaigrette.

● Mélanger la salade et le reste de vinaigrette et la répartir sur le carpaccio. Décorer avec les pignons et le parmesan. Servir bien frais.

Variante

Remplacez le filet de bœuf par 2 magrets de canard.

Conservation

Vous pouvez conserver le carpaccio 24 h au réfrigérateur, couvert d'un film alimentaire.

 Beaujolais rouge, servir à 13-15°

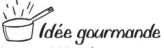 **Idée gourmande**

Disposez 150 g de petits cèpes crus émincés sur le carpaccio ou quelques tomates séchées.

Le conseil de Julie

Utilisez un couteau économe pour couper les copeaux de parmesan.

salade vietnamienne
au poulet

L'occasion de mettre en pratique une résolution que l'on prend
tous régulièrement : cette année, je me mets à la cuisine asiatique.
Personnellement, je m'y suis attelée depuis peu et je reste étonnée
par la simplicité et la rapidité des recettes (encore faut-il dégoter les
ingrédients !)… Quant à l'abonnement au club de gym (résolution
n° 2), ce sera pour l'année prochaine.

Pour 6 personnes

Préparation: 30 min
Cuisson: 8 min

Ingrédients
700 g de blanc de poulet
sans peau
1/2 chou vert
4 branches de céleri
1 botte d'oignons frais
3 brins de menthe fraîche
(1 cuil. à soupe de menthe
ciselée surgelée)
4 brins de coriandre fraîche
(1 cuil. à soupe de
coriandre ciselée surgelée)

Pour la vinaigrette
4 cuil. à soupe de vinaigre
de vin blanc
2 cuil. à soupe de jus de
citron vert
1 cuil à soupe de nuoc-
mâm

• Placer les morceaux de poulet dans une casserole. Recouvrir
d'eau, saler et porter à frémissement (l'eau ne doit pas bouillir).
Laisser cuire 8 min environ.

• Pendant ce temps, préparer la vinaigrette dans le saladier en
fouettant ensemble tous les ingrédients.

• Retirer les feuilles flétries du demi-chou, ôter le cœur avec un
couteau pointu. Laver les petits oignons ainsi que les tiges vertes.
Laver les branches de céleri.

• Égoutter le poulet et laisser refroidir.

• Émincer finement le chou, les oignons et leurs tiges, le céleri et
le poulet. Placer le tout dans le saladier et mélanger soigneusement. Laisser reposer quelques instants au réfrigérateur.

• Laver, sécher et ciseler les herbes. Les mélanger à la salade et
servir.

Variante

Salade vietnamienne au bœuf. Remplacez le poulet par 700 g de faux-
filet de bœuf cuit à la poêle 3 min à feu vif, coupez-le en fines lamelles
et faites-les mariner 3 min dans la vinaigrette.

1 cuil. à soupe d'eau
1/2 gousse d'ail écrasée
ou hachée finement
(1 petite cuil. à café d'ail
émincé surgelé)
2 cuil. à soupe de sucre en
poudre
3 cuil. à soupe d'huile
d'arachide
1/2 cuil. à café de sel
1/2 cuil. à café de poivre
fraîchement moulu

Matériel
1 casserole, 1 grand
saladier

Calories: 230 kcal/pers

Conservation
24 h au réfrigérateur.

Mâcon rouge
(Bourgogne),
servir à 16°

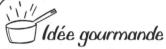 *Idée gourmande*

Vous pouvez ajouter 2 carottes râpées, des bâtonnets de citronnelle fraîche ou saupoudrer cette salade de cacahuètes grillées et hachées.

Le conseil de Julie

– Laissez mariner le chou et le poulet dans la vinaigrette pendant 1 h au réfrigérateur avant de préparer la salade.
– On peut remplacer le demi-chou et les branches de céleri par 2 sachets de chou, céleri et carottes émincés surgelés.

salade tiède
d'endives au roquefort

L'endive amère n'est plus qu'un souvenir lointain avec cette salade fondante et délicate. Le secret ? Une cuisson à l'étuvée, très courte, le contraste chaud-froid et... cette pointe de sucre, sans quoi l'endive ne saurait nous faire fondre.

Pour 6 personnes

Préparation: 15 min
Cuisson: 8 min

Ingrédients
8 endives
100 g de cerneaux
de noix
100 g de roquefort
30 cl de vin blanc sec
2 feuilles de laurier
50 g de beurre
4 cuil. à soupe d'huile
de noix
2 cuil. à soupe de vinaigre
blanc
1 sucre
Sel et poivre du moulin

Matériel
1 sauteuse ou 1 grande
casserole avec couvercle,
1 passoire ou 1 écumoire,
1 saladier

• Couper le roquefort en petits dés et l'entreposer au congélateur.

• Nettoyer les endives avec un linge humide et retirer les feuilles abîmées. Retirer l'intérieur du pied (amer) en creusant légèrement avec un petit couteau. Couper chaque endive en deux et émincer pas trop finement. Concasser grossièrement les cerneaux de noix.

• Faire chauffer le beurre dans une sauteuse et y faire revenir les noix pendant 2 min à feu moyen. Les retirer, les remplacer par les endives et laisser dorer 1 min sans cesser de remuer. Verser le vin et 1 verre d'eau (20 cl environ). Ajouter les feuilles de laurier, le sucre, couvrir et porter à ébullition. Réduire le feu et laisser mijoter à feu doux pendant 6 min.

• Égoutter les endives et les verser dans le saladier. Ajouter les noix, arroser d'huile de noix et de vinaigre, saler légèrement, poivrer et mélanger soigneusement. Ajouter le roquefort bien froid sur le dessus de la salade et servir sans attendre.

Variante
Remplacez le roquefort par de la betterave.

Calories: 310 kcal/pers

Conservation

Conservez les endives cuites mais non assaisonnées au réfrigérateur jusqu'à 3 jours couvertes d'un film alimentaire.

 Savennières sec (Anjou-Saumur), servir à 9-11°

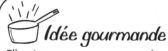 **Idée gourmande**

Elle n'est pas assez gourmande comme ça, ma salade ?

Le conseil de Julie

Il est déconseillé de laver les endives à l'eau.

salade
de lentilles aux lardons

La mode des bistrots a fait de cette salade du pauvre un plat canaille très coté. L'heureux pauvre qu'elle fait de vous doit pourtant rester exigeant en utilisant exclusivement des lentilles du Puy. C'est la crème de la lentille : elle ne nécessite ni trempage ni cuisson longue et ne se décompose pas à la cuisson.

Pour 6 personnes

Préparation: 5 min
Cuisson: 25 à 35 min

Ingrédients
400 g de lentilles vertes du Puy
250 g de lardons fumés
1 gros oignon
3 échalotes (300 g d'échalotes hachées surgelées)
2 branches de thym
2 feuilles de laurier
1 cube de bouillon de légumes (ou de viande, à défaut)
4 cuil. à soupe d'huile de noix
3 cuil. à soupe de vinaigre de xérès
1 cuil. à soupe de moutarde forte de Dijon
Sel et poivre du moulin

Comme les femmes, les lentilles doivent rester tendres sans s'écraser...

• Suivre les instructions de cuisson indiquées sur la boîte de lentilles. Sinon, les rincer et les verser dans une grande casserole. Couvrir d'eau, ajouter l'oignon épluché entier, le thym et le laurier, le cube de bouillon et porter à ébullition sur feu moyen. Dès l'ébullition, réduire le feu et laisser cuire 25 min environ, en laissant le couvercle. Ajouter de l'eau si nécessaire. Vérifier la cuisson, les lentilles doivent être tendres mais pas farineuses. Égoutter et réserver.

... sinon bonjour les salades!

• Pendant ce temps, faire chauffer la poêle et faire rissoler les lardons à feu moyen, jusqu'à ce qu'ils soient bien dorés (10 min environ). Hachez les échalotes très finement au couteau (éviter d'utiliser un robot qui les réduirait en purée).

• Dans un saladier, préparer la vinaigrette en fouettant à la fourchette le vinaigre, la moutarde, le sel et une généreuse pincée de poivre du moulin. Ajoutez 4 cuil. à soupe d'huile de noix et les échalotes. Mélanger à nouveau.

• Verser les lentilles dans le saladier, mélanger soigneusement et servir accompagné de tranches de pain de campagne grillées.

Matériel
1 casserole, 1 poêle

Calories: 340 kcal/pers

Conservation
3 jours au réfrigérateur.

Moulin-à-vent
(Beaujolais),
servir à 14°

Idée gourmande

Pour accentuer
la saveur des lentilles,
ajoutez 1 cuil. à
soupe de vinaigre et
1 sucre dans l'eau
de cuisson.

Le conseil de Julie

– Vous pouvez servir cette salade froide, mais sachez que sa saveur est accentuée lorsqu'elle est tiède.
– Attention à ne pas trop saler car les lardons le sont déjà.

Que faire des restes ?

Vous pouvez faire sauter 3 min le reste de salade et le mélanger à des spaghetti. Parsemez de persil ciselé et servez très chaud.
Soupe de lentilles aux lardons. Passez cette salade au mixeur avec un volume d'eau équivalent et réchauffez à feu doux.

omelette
épinards-parmesan

Une omelette qui fait preuve d'une rare ouverture d'esprit : vous pouvez la servir baveuse ou bien cuite, chaude ou froide et l'accommoder au parmesan ou au chèvre. L'été, on ne manquera pas de servir en accompagnement une salade de roquette au vinaigre balsamique et aux tomates confites.

Pour 4 personnes

Préparation: 10 min
Cuisson: 10 min

Ingrédients
500 g d'épinards frais
(600 g d'épinards surgelés)
100 g de parmesan
fraîchement râpé
6 œufs
1 oignon (150 g d'oignons
émincés surgelés)
2 pincées de noix muscade
3 cuil. à soupe d'huile
d'olive
Sel, poivre du moulin

Matériel
1 grande poêle, 1 saladier

Calories: 330 kcal/pers

Conservation
24 h au réfrigérateur,
couvert d'une assiette.

Pinot blanc (Alsace),
servir à 8°

- Équeuter, laver et déchirer les feuilles d'épinards. Les essorer soigneusement. Éplucher et émincer l'oignon.
- Faire chauffer 2 cuil. à soupe d'huile d'olive dans une poêle, ajouter les épinards et l'oignon. Laisser fondre 5 min en remuant souvent.
- Dans un saladier, battre les œufs à la fourchette avec le parmesan, la noix muscade, du sel et du poivre. Ajouter les épinards et mélanger.
- Faire chauffer 1 cuil. à soupe d'huile d'olive dans la même poêle. Quand elle est bien chaude, verser le mélange et laisser cuire 3 à 5 min à feu moyen. Retirer l'omelette encore légèrement baveuse et la replier sur elle-même. Servir tiède ou froide.

Variante

Remplacez le parmesan par du fromage de brebis des Pyrénées ou du chèvre mi-sec. Vous pouvez également remplacer les épinards par des feuilles de blettes.

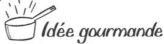 *Idée gourmande*

Faites cuire l'omelette un peu plus longtemps, laissez-la refroidir et découpez-la en petits cubes que vous servirez à l'apéritif.

œufs

Omelette au brocciu

Qu'ils ont raison, les Corses, de s'enorgueillir de leur fromage ! Salé ou sucré, frais ou affiné, le brocciu est la vedette nationale après Napoléon. C'est dire la valeur de ce trésor !

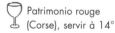

Pour 4 personnes

Préparation: 10 min
Cuisson: 8 min environ

Ingrédients
250 g de brocciu frais
8 œufs
2 brins de menthe fraîche
(1 cuil. à soupe de menthe ciselée surgelée)
1 petit verre de lait
(15 cl environ)
1 cuil. à soupe d'huile d'olive
Sel et poivre du moulin

Matériel
1 grande poêle

Calories: 390 kcal/pers

Conservation
24 h au réfrigérateur. Ne pas réchauffer.

Patrimonio rouge (Corse), servir à 14°

- Dans un grand bol, battre à la fourchette les œufs avec le lait, le sel et le poivre. Laver et ciseler finement les feuilles de menthe.

- Faire chauffer l'huile d'olive à feu moyen dans une grande poêle et verser les œufs battus. Laisser prendre l'omelette jusqu'à ce qu'elle soit baveuse.

- Pendant ce temps, écraser le fromage en le mélangeant avec la menthe ciselée. Saler et poivrer. Répartir le fromage sur une moitié d'omelette, la replier et laisser cuire encore 1 min. Faire glisser dans un grand plat et servir sans attendre.

Variante

Remplacez le brocciu par du chèvre frais.

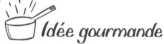

Idée gourmande
Ajoutez la chair d'une tomate coupée en petits dés.

Le conseil de Julie

Servez avec une chiffonnade de salades assaisonnées à l'huile de noisette.

œufs brouillés
aux œufs de saumon

Retenez la recette et variez les saveurs : jambon, fromage, herbes fraîches, champignons, poisson fumé... Les œufs brouillés font un dîner léger ou un brunch dominical idéal. Un seul point sur lequel je reste inflexible : il faut remuer sans arrêt.

Pour 4 personnes

Préparation: 10 min
Cuisson: 8 min

Ingrédients
8 œufs
60 g d'œufs de saumon
10 cl de crème fraîche
40 g de beurre
1 pincée de noix muscade
râpée
Quelques brins d'aneth
(2 cuil. à café d'aneth
ciselée surgelée)
Sel et poivre du moulin

Matériel
1 saladier, 1 grande
casserole, 1 petite casserole

Calories: 280 kcal/pers

Hermitage blanc
(vallée du Rhône),
servir à 9-11°

• Laver, sécher et ciseler l'aneth. Casser les œufs dans un saladier, saler légèrement, poivrer, ajouter la noix muscade et battre à la fourchette comme pour une omelette. Incorporer l'aneth.

• Remplir une grande casserole d'eau et faire chauffer jusqu'à ce qu'elle frémisse. Placer la petite casserole dans l'eau frémissante, y faire fondre le beurre et beurrer les parois en faisant tourner la casserole sur elle-même.

• Verser les œufs dans le beurre chaud et laisser cuire sans cesser de remuer, jusqu'à ce que le mélange épaississe (8 min environ).

• Retirer la casserole du feu et incorporer la crème fraîche en continuant de remuer.

• Au dernier moment, incorporer les œufs de saumon bien froids, décorer de quelques pluches d'aneth et servir immédiatement.

Variante

Si vous n'êtes pas en fonds, remplacez les œufs de saumon par des chutes de saumon fumé ou des œufs de truite.

Le conseil de Julie

Pour éviter que les œufs ne cuisent trop vite, l'eau doit rester frémissante, elle ne doit pas bouillir. S'ils sont trop cuits, pas de panique, retirez-les du feu, incorporez un œuf cru battu et remuer vigoureusement.

Que faire des restes ?

Boulettes de saumon à l'aneth: mélangez le reste d'œufs et un peu de béchamel (voir la recette de la béchamel, *in Soufflé au comté*, p. 224), laissez refroidir et formez des boulettes entre vos doigts. Passez-les dans la chapelure et faites-les dorer 2 min à la poêle dans de l'huile chaude. Servez-les avec des épinards au beurre.

chakchouka

Idéale pour un plateau télé ou pour inaugurer un dîner oriental, cette ratatouille exotique aux œufs et à la viande est aussi un plat complet et équilibré que l'on trouve sur toutes les tables d'Afrique du Nord. Ne cherchez pas à soigner la présentation, l'aspect « gloubi-boulga » est le signe de la réussite du plat.

Pour 4 personnes

Préparation: 10 min
Cuisson: 40 min

Ingrédients

4 œufs
300 g de bœuf haché
2 grosses boîtes de tomates pelées au naturel
2 poivrons moyens (250 g de poivrons à l'huile en bocal)
3 oignons moyens (500 g d'oignons émincés surgelés)
4 gousses d'ail (1 cuil. à soupe bombée d'ail émincé surgelé)
2 cuil. à soupe de concentré de tomate
1 cuil. à café de piment en poudre
1 cuil. à café de paprika
1 cuil. à café de cumin en poudre
2 cuil. à soupe d'huile d'olive

• Éplucher et émincer l'ail et les oignons. Laver et couper les poivrons en rondelles fines.

• Faire chauffer l'huile dans une grande poêle. Faire revenir la viande hachée 1 min à feu moyen. Verser les poivrons, les oignons et l'ail émincés et les faire cuire 3 min en remuant à l'aide d'une spatule. Ajouter 1/2 verre d'eau (10 cl environ) et laisser mijoter à feu doux 15 min.

• Préchauffer le four à 220 °C (th. 7). Égoutter les tomates et les hacher grossièrement au couteau. Les verser dans la poêle, ajouter le concentré de tomate, le piment, le paprika, le cumin et les herbes de Provence. Saler, poivrer et laisser cuire encore 15 min.

• Verser la préparation dans un plat. Casser les œufs entiers dessus et enfourner. Laisser cuire 5 min. Servir bien chaud avec de la pita tiède et une salade verte.

Variante

Pour une version végétarienne, remplacez la viande par un hachis de champignons.

1 cuil. à café d'herbes
de Provence
Sel et poivre du moulin

Matériel
1 grande poêle, 1 plat
allant au four

Calories: 300 kcal/pers

Conservation
24 h au réfrigérateur.
Réchauffez à four doux ou
consommez froid.

🍷 Lirac rouge (vallée du
Rhône), servir à 15°

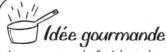

Idée gourmande

Accompagnez de *Fraîcheur de concombre au yaourt* (p. 35).

Le conseil de Julie

Si vous avez le temps, faites griller les poivrons comme indiqué p. 39
et retirez la peau avant de les faire cuire.

pavés
de saumon gravlax

Une recette scandinave qui pourrait vous faire renouer avec le saumon. Omniprésent chez les poissonniers, le filet de saumon a trop souvent la chair terne, grasse et farineuse. Ce poisson peut pourtant être d'une rare finesse lorsqu'on le choisit d'un rose soutenu, si possible sauvage et de bonne provenance (foncez sur le norvégien). Outre sa qualité initiale, sa cuisson détermine son moelleux. Ici, le problème est réglé : il a la texture fondante du cru et la saveur délicate du cuit (la cuisson se fait au contact du sel). J'ai découvert ce plat dans un restaurant danois où il est d'usage de l'appeler le « Bécaud », notre Gilbert national en étant le plus célèbre amateur. L'important, c'est le rose…

Pour 6 personnes

Préparation : 20 min
Marinade : 24 à 36 h

Ingrédients
2 filets de saumon de
600 g chacun avec la peau

Pour la marinade
1 bouquet 1/2 d'aneth
(1 boîte d'aneth coupé
surgelé)
3 cuil. à soupe de gros sel
2 cuil. à soupe de sucre en
poudre
2 pincées de noix muscade
râpée

le saumon s'emballe

• Préparer la marinade : effeuiller et ciseler les pluches d'un bouquet et demi d'aneth. Dans un bol, mélanger le gros sel, le sucre, la noix muscade et le poivre blanc. Ajouter l'aneth ciselé et mélanger de nouveau.

• Débarrasser les filets de saumon de leurs arêtes, les laver et les sécher soigneusement. Poser une grande feuille de film alimentaire dans le fond d'un plat creux pouvant contenir les filets de saumon. Répartir un tiers de la marinade dans le fond du plat. Poser un filet dessus, côté peau contre la marinade. Recouvrir du second tiers de marinade. Poser l'autre filet et couvrir du troisième tiers de marinade.

• Emballer le poisson bien serré dans le film alimentaire et poser un poids dessus (une planche surmontée d'une boîte de conserve,

poissons, coquillages et crustacés

1 cuil. à soupe de poivre
blanc en grains

*Pour la sauce aux
2 moutardes*
200 g de moutarde douce
(brune, si possible)
2 cuil. à soupe de
moutarde forte de Dijon
85 g de sucre en poudre
6 cuil. à soupe de vinaigre
de vin blanc
6 cuil. à soupe d'huile de
tournesol
1/2 bouquet d'aneth
(1 boîte d'aneth coupé
surgelé)

Pour servir
1 ou 2 citrons

Matériel
1 plat creux, film
alimentaire, 1 fouet, papier
absorbant, pince à épiler
(certains vont encore dire
que ce sont des recettes de
fille !)

Calories: 500 kcal/pers

Conservation
Bien emballé, le poisson
peut être conservé 5 jours
au réfrigérateur. La sauce
se conserve 4 jours ; pensez
à la battre avant de la
servir.

Sauvignon saint-bris
(Bourgogne,
Chablisien), servir à 9°

par exemple). Entreposer au réfrigérateur 24 à 36 h. Retourner le poisson 2 ou 3 fois en cours de marinade et l'arroser du jus qui se sera échappé de l'emballage.

la sauce se monte la tête

● Préparer la sauce avant de servir : dans un grand bol, mélanger les 2 moutardes, le sucre et le vinaigre jusqu'à l'obtention d'une pâte homogène. Verser l'huile progressivement en fouettant comme pour une mayonnaise. Ajouter le reste d'aneth ciselé, mélanger et réserver au réfrigérateur.

● Déballer le poisson, retirer la marinade en frottant avec du papier absorbant (ne pas rincer). Retirer la peau des filets et les couper de façon à obtenir 6 pavés de poids égal. Servir avec des quartiers de citron et la sauce aux 2 moutardes.

Variante

Pour une sauce plus légère, mélangez 20 cl de crème allégée avec 1 cuil. à café de moutarde forte de Dijon, 1 pincée de curry, 1 cuil. à café rase de sucre, l'aneth ciselé, du sel et du poivre.

 *Idée gourmande*

Accompagnez de *Pommes de terre caramélisées* : faites cuire les pommes de terre 20 min dans l'eau bouillante salée, pelez-les, préparez un caramel au beurre (40 g de sucre, 100 g de beurre), et faites-les revenir 5 min dans le caramel.

Le conseil de Julie

Demandez à votre poissonnier de trancher les filets dans le haut du poisson, plus tendre que la queue. Utilisez une pince à épiler pour retirer les arêtes du saumon.

poissons, coquillages et crustacés

Saumon à l'unilatéral, sauce aux poivrons

Un plat mini-efforts, grands effets à condition d'ouvrir l'œil chez votre poissonnier. Servi à peine cuit, le saumon doit être très frais, d'une couleur uniforme et sans bordure foncée. Choisissez-le dans la partie haute du poisson pour obtenir des pavés bien épais.

Pour 4 personnes

Préparation : 5 min
Cuisson : 6 min

Ingrédients

4 pavés de saumon frais ou surgelés (180 à 200 g chacun)
1 bocal de poivrons à l'huile d'olive (200 g environ) ou 4 poivrons pelés
4 cuil. à soupe de crème fraîche liquide
1 gousse d'ail (1 cuil. à café d'ail émincé surgelé)
3 cuil. à soupe d'huile d'olive
1 cuil. à café rase de paprika
Sel de mer gris, fleur de sel
Poivre du moulin

Matériel

1 grande poêle antiadhésive, 1 mixeur, 1 petite casserole

pendant que le saumon bronze...

● Saler (avec du sel de mer gris) et poivrer les pavés côté chair. Badigeonner la peau avec 1 cuil. à soupe d'huile d'olive. Faire chauffer 1 grande poêle antiadhésive à feu vif. Déposer les pavés côté peau et laisser cuire 6 min environ. Pour des pavés plus cuits, couvrir la poêle, baisser le feu et laisser cuire encore 1 à 2 min. Saler généreusement.

... le poivron se crème

● Pendant la cuisson du poisson, égoutter la boîte de poivrons et éplucher la gousse d'ail. Mixer le tout, ajouter 2 cuil. à soupe d'huile d'olive, la crème fraîche liquide et le paprika. Saler et poivrer. Faire chauffer à feu moyen en remuant régulièrement. Retirer du feu aux premiers bouillons.

● Disposer les pavés dans les assiettes et verser la sauce à côté. Accompagner d'une huile d'olive de qualité et d'un ramequin de fleur de sel.

Variante

Remplacez le saumon par des pavés de truite rose.

Calories : 450 kcal/pers

Conservation
Vous pouvez conserver les restes 2 jours couverts de film alimentaire.

Graves blanc
(Bordelais),
servir à 9-11°

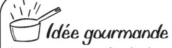
Idée gourmande
Servez avec une poêlée d'aubergines au curry ou des pâtes fraîches.

Le conseil de Julie
Pour une recette diététique, faites cuire les pavés sans huile d'olive.

Que faire des restes ?
Rillettes de saumon : utilisez les restes pour préparer des rillettes de saumon. Mixez le même poids de saumon cuit et de saumon fumé avec du jus de citron, un filet d'huile d'olive et un peu de mayonnaise. Ajoutez de l'aneth ciselé, salez, poivrez et entreposez 2 h au réfrigérateur.

raie
au beurre noisette

Avant de m'y coller, la cuisson d'une aile de raie me paraissait à peu près aussi évidente qu'une partie de pêche à l'espadon. Et, pourtant, un petit court-bouillon et c'est gagné! Trop contente de cette approche réussie, je n'ai pas voulu m'éloigner des classiques. Au traditionnel beurre noir, j'ai préféré le noisette, au goût plus discret et à la cuisson plus courte, car plus le beurre cuit, moins il est diététiquement correct.

Pour 4 personnes

Préparation : 10 min
Cuisson : 15 min

Ingrédients
1 kg de raie en 4 morceaux
(ou ailes de raie surgelées)
1 oignon
1 bouquet garni
125 g de beurre
6 cuil. à soupe de vinaigre
2 cuil. à soupe de câpres
5 brins de persil plat
(2 cuil. à soupe de persil
ciselé surgelé)
Sel et poivre du moulin

Matériel
1 grande casserole ou
sauteuse, 1 petite casserole
avec couvercle

Calories : 400 kcal/pers

sachez pochez la raie

● Laver les morceaux de raie à l'eau courante et les déposer dans la casserole. Recouvrir d'eau froide, ajouter l'oignon coupé en quatre, le bouquet garni et 2 cuil. à soupe de vinaigre. Saler et poivrer généreusement et porter à ébullition. Laisser mijoter 15 min environ (la raie est cuite quand la chair se détache facilement des arêtes).

évitez la couleur café

● Pendant ce temps, laver, sécher et ciseler les feuilles de persil. Faire fondre le beurre dans la casserole. Dès qu'il cesse de mousser, faire tourner la casserole au-dessus du feu jusqu'à ce que le beurre blondisse sans devenir noir. Retirer du feu, verser les câpres et ajouter 4 cuil. à soupe de vinaigre et le persil ciselé. Saler, poivrer et mélanger. Couvrir et laisser reposer.

● Égoutter les morceaux de poisson et les déposer dans un grand plat. Retirer la peau et les parties noires. Napper le poisson du beurre noisette aux câpres et servir immédiatement. Accompagner de pommes de terre à l'eau ou en purée.

Chablis 1er cru (Bourgogne), servir à 9-11°

Idée gourmande

Ajoutez 1 échalote hachée dans le beurre noisette en même temps que les câpres.

Variante

Remplacez les câpres par des olives noires concassées.

Le conseil de Julie

Le beurre est cuit à point lorsqu'il cesse de grésiller. S'il a brûlé, jetez-le car il dégage alors des substances nocives.

Que faire des restes

Effilochée de raie aux noix sur lit de cresson. Effilochez la chair et déposez-la sur un lit de cresson (ou de pourpier) assaisonné à l'huile de noix. Parsemez de quelques cerneaux de noix et servez sans attendre.

sardines farcies
à la sicilienne

Les sardines, trop souvent snobées pour cause de mauvaises odeurs, se prêtent pourtant à de nombreuses préparations : frites, farcies, grillées et même crues, simplement marinées au sel comme en Charente. Inconditionnelle de ce poisson du pauvre, j'ai testé pour vous une bonne dizaine de recettes. Un fait s'impose : l'odeur se fait plus discrète si l'on retire la tête et les intestins. Il n'en fallait pas plus pour que j'adopte la cuisson en filets, en évitant les chaleurs trop vives pour ne pas les dessécher.

Pour 6 personnes

Préparation : 20 min
Cuisson : 30 min

Ingrédients
48 filets de sardines
100 g de tomates séchées
(en bocal)
80 g de pignons
1 cuil. à café de sucre
1/2 cuil. à café de paprika
4 brins de basilic (1 cuil. à soupe de basilic émincé surgelé)
80 g de chapelure
4 cuil. à soupe d'huile d'olive
Sel et poivre du moulin

Pour servir
4 citrons

• Préchauffer le four à 180 °C (th. 6). Couper les tomates en tout petits dés. Laver, sécher et ciseler les feuilles de basilic. Mélanger tomates, pignons, sucre, paprika et basilic. Ajouter 1 cuil. à soupe d'huile d'olive et poivrer.

• Laver et sécher les filets de sardines. Étaler un peu du mélange aux pignons sur la moitié des filets et déposer les autres sur le dessus. Huiler un grand plat avec 1 cuil. à soupe d'huile d'olive et y répartir les sardines. Saupoudrer la chapelure, verser 2 cuil. à soupe d'huile d'olive et faire cuire 30 min. Servir dans le plat et proposer des quartiers de citron.

Variante
Remplacez les tomates séchées par des citrons confits.

poissons, coquillages et crustacés

Matériel

1 plat allant au four

Calories : 310 kcal/pers

Conservation

24 h au réfrigérateur si les
sardines étaient très fraîches
avant la cuisson. Réchauffez
10 min à four moyen.

Vin de pays du duché
d'Uzès (Gard) rosé,
servir à 10°

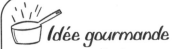

Idée gourmande

Servez avec un coulis de tomate au basilic.

Le conseil de Julie

Si vous ne trouvez pas de filets de sardines, choisissez des grosses
sardines dont vous retirerez les intestins, la tête et l'arête centrale. Vous
pouvez laisser mariner les filets de sardines 24 h dans l'huile d'olive pour
les parfumer davantage.

dorade rôtie
aux citrons confits

Vous trouverez la recette des citrons confits p. 30. Mais si votre gourmandise ne peut attendre le temps de la marinade, filez chez un traiteur oriental, et laissez le bocal au réfrigérateur entre deux grignotages (moi, je les mange tels quels, à l'apéritif!).

Pour 4 personnes

Préparation : 10 min
Cuisson : 25 min

Ingrédients
1 dorade d'environ 1,5 kg écaillée et vidée, fraîche ou surgelée
24 petits oignons grelots frais ou surgelés
3 citrons confits
6 cuil. à soupe d'huile d'olive
50 g de beurre
1/2 bouquet de coriandre (3 cuil. à soupe de coriandre ciselée surgelée)
1 cuil. à café de sucre en poudre
1 cuil. à soupe rase de cumin en poudre
Sel et poivre du moulin

Matériel
1 plat allant au four,
1 petite casserole

Calories : 360 kcal/pers

Une dorade-rondelles s'il vous plaît!

● Préchauffer le four à 210 °C (th. 7). Laver, sécher la dorade et inciser légèrement la peau. Découper les citrons en rondelles d'1 cm d'épaisseur. Huiler le plat avec 1 cuil. à soupe d'huile d'olive. Répartir la moitié des rondelles dans le fond du plat, saler, poivrer et déposer la dorade dessus. Recouvrir le poisson avec le reste des rondelles.

● Mélanger le cumin avec 5 cuil. à soupe d'huile d'olive et verser cette huile sur le poisson. Enfourner et laisser cuire 25 min environ. Arroser deux ou trois fois la dorade de son jus de cuisson. Laver, sécher, ciseler la coriandre et la répartir sur le poisson à mi-cuisson.

● Pendant ce temps, éplucher les oignons. Faire chauffer 50 g de beurre dans une petite casserole. Faire dorer les oignons 1 min à feu vif sans cesser de mélanger. Verser de l'eau à hauteur et laisser cuire à feu doux jusqu'à ce que l'eau soit évaporée. Saupoudrer d'1 cuil. à café de sucre et laisser caraméliser quelques instants. Servir le poisson avec les rondelles de citron et les oignons.

Variante

Bar rôti aux citrons confits. Remplacez la dorade par un bar et laissez cuire 20 min.

poissons, coquillages et crustacés

Conservation

24 h au réfrigérateur.

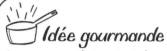 Hermitage blanc
(vallée du Rhône),
servir à 11°

Idée gourmande

Accompagnez de tomates pelées et de rondelles de citron confites au four (2 h à 90 °C, th. 3).

Le conseil de Julie

Avant la cuisson, laissez mariner la dorade dans l'huile au cumin 30 min au réfrigérateur.

papillotes
de thon basquaise

Vous connaissez le thon cocotte à la basquaise ? L'huile d'olive est ici plus discrète et la cuisson plus courte. Les papillotes permettent également de servir à l'assiette, ce qui est à la fois plus simple (exit l'étape vaisselle) et plus élégant (effet pochette-surprise). Pour des papillotes dignes de ce nom, prenez soin de fermer hermétiquement la feuille d'aluminium, sans trop serrer toutefois pour que la vapeur circule.

Pour 4 personnes

Préparation : 20 min
Cuisson : 10 min

Ingrédients
1 tranche de thon rouge
d'environ 1 kg en
4 morceaux (steaks de thon
surgelés)
100 g de jambon
de Bayonne en 1 tranche
épaisse
8 tomates
1 poivron vert
2 oignons rouges
4 cuil. à soupe de vin blanc
sec
1 bonne cuil. à soupe
d'herbes de Provence
5 cuil. à soupe d'huile
d'olive
Sel et poivre du moulin

● Préchauffer le four à 210 °C (th. 7). Laver le thon sous l'eau froide et le sécher soigneusement. Peler et émincer les oignons. Laver le poivron, retirer la queue, les graines, les cloisons et le couper en lamelles fines. Dégraisser le jambon et le couper en petits dés.

● Huiler légèrement 4 grands carrés de papier d'aluminium. Au centre de chacun, déposer successivement une tomate en rondelles, le morceau de thon, les rondelles d'une autre tomate, les lamelles de poivron vert, les dés de jambon, les oignons émincés et les herbes de Provence. Arroser chaque tranche de thon d'une cuil. à soupe de vin blanc et d'une cuil. à soupe d'huile d'olive. Saler légèrement et poivrer. Fermer hermétiquement les papillotes sans trop serrer le poisson.

● Déposer les papillotes sur la plaque du four et laisser cuire 10 min. Présenter les papillotes directement dans les assiettes.

Variante

Remplacez le thon par de l'**espadon** ou des tranches de **flétan**.

Matériel
Papier d'aluminium

Calories : 570 kcal/pers

🍷 Côtes-de-duras
   (Sud-Ouest) blanc,
servir à 9°

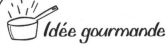 **Idée gourmande**
Pendant la cuisson, lavez, séchez et ciselez les feuilles d'1 bouquet de basilic et répartissez-les dans les papillotes à la sortie du four.

Le conseil de Julie

Le papier d'aluminium ne doit pas enserrer trop étroitement le poisson pour qu'il cuise dans sa vapeur.

Que faire des restes ?

Salade de thon provençale. Effeuillez la chair du thon et incorporez-la à une salade de poivrons et de pommes de terre au pistou. Servez bien froid.

Cotriade

Tous les charmes de la bouillabaisse, sans la digestion difficile ni les longues heures de préparation. Heureusement, cette facilité n'est pas apparente et une soupe de poisson réussie constitue la preuve indiscutable de votre accomplissement gastronomique.

Pour 6 personnes

Préparation : 20 min
Cuisson : 25 à 30 min

Ingrédients
2 merlans vidés
3 maquereaux vidés
3 sardines ou chinchards vidés
3 rougets grondins vidés
1 kg de dorade en filets
1 kg de pommes de terre à chair ferme (roseval, BF 15 ou belle-de-fontenay)
3 échalotes (300 g d'échalotes émincées surgelées)
1 bouquet garni (thym, laurier, persil)
10 cl de vin blanc sec
25 g de beurre
Sel et poivre du moulin

Matériel
1 faitout ou marmite, 1 louche

Une pêche d'enfer

● Rincer tous les poissons à l'eau fraîche et les sécher dans un torchon. Couper les plus gros en tronçons. Peler et émincer les échalotes. Peler les pommes de terre et les couper en quartiers.

● Faire chauffer le beurre dans le faitout et y faire fondre les échalotes jusqu'à légère coloration. Verser le vin blanc et 1,5 litre d'eau. Ajouter le bouquet garni et les pommes de terre. Saler légèrement et poivrer généreusement. Laisser cuire 15 min à petits bouillons.

Bouillon pour tout le monde! C'est ma tournée

● Plonger les poissons dans le bouillon et laisser cuire encore 10 à 15 min. Goûter et rectifier l'assaisonnement. Sortir les poissons et les pommes de terre à l'aide d'une écumoire et les disposer dans les assiettes. Arroser de bouillon.

Variante

Ajoutez deux carottes coupées en rondelles. Variez les poissons : congre (sans la peau), merlu, lieu, cabillaud, roussette...

Calories : 420 kcal/pers

Entre-deux-mers
(Bordelais), servir à 9°

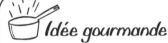 *Idée gourmande*

Déposez des tranches de pain de campagne tartinées de beurre salé dans le fond des assiettes et versez la cotriade dessus.

Le conseil de Julie

N'hésitez pas à utiliser des poissons surgelés.

Que faire des restes ?

Brandade. Hachez la chair des poissons, ajoutez une gousse d'ail hachée et le même poids de purée de pommes de terre. Parsemez de fromage râpé et faites gratiner 10 min.

petite friture
de supions

Kesako, les supions ? C'est ainsi que l'on appelle les calmars au bord de la Méditerranée. Ils sont plus petits, donc plus tendres et vous pouvez les faire frire entiers, sans les couper en lamelles. Attention aux odeurs si vous habitez un studio et que vous n'avez ni friteuse ni hotte : optez plutôt pour les supions en sushi.

Pour 4 personnes

Préparation : 15 min
Cuisson : 3 min

Ingrédients
1 kg de supions (800 g de calmars surgelés)
20 cl d'huile de friture
3 cuil. à soupe de farine
1/2 bouquet de persil frisé
1/2 botte de céleri branche
Sel et poivre du moulin

Pour servir
2 citrons verts (ou jaunes, à défaut)

Matériel
1 sauteuse (ou 1 friteuse), 1 passoire, 1 écumoire, papier absorbant

Calories : 400 kcal/pers

● Vider les supions : détacher la tête des cornets et ôter le bec qui se trouve entre les tentacules. Retirer la fine peau qui recouvre le cornet. Laver cornets et tentacules à l'eau fraîche et les sécher dans un torchon.

● Laver le persil et les feuilles jaunes du céleri (réserver les branches pour un autre usage). Les sécher complètement pour éviter les éclats d'huile.

● Faire chauffer l'huile à feu moyen-vif dans une sauteuse.

● Placer la farine dans un sac en plastique, y verser les supions, fermer le sac et secouer jusqu'à ce qu'ils soient bien enrobés. Les déposer dans une passoire et secouer légèrement pour ôter l'excédent de farine.

● Déposer les supions dans la poêle et les faire frire pendant 3 min en remuant de temps en temps. Retirer avec une écumoire et égoutter sur du papier absorbant.

● Faire frire les brins de persil et de céleri environ 30 secondes (ou jusqu'à ce que l'huile ne grésille plus). Les retirer avec une écumoire. Saler et poivrer.

● Servir avec des quartiers de citron vert.

Variante

Remplacez les supions par des **calmars** ou de la **seiche** coupés en lamelles.

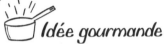 *Idée gourmande*

Pour relever délicatement la saveur de vos supions, placez dans l'huile 1 piment frais fendu dans sa longueur.

Le conseil de Julie

– Pour savoir si l'huile est à bonne température (190 °C), jetez-y un cube de mie de pain : il doit brunir en 30 à 40 s, pas plus, pas moins.
– Pendant la cuisson des herbes, maintenez les supions frits dans le four préchauffé à 150 °C (th. 5).

Calmars
à la provençale

Il y a des premières fois qu'on ne peut oublier. Avec lui, l'émotion naquit dès la rencontre. Le contact de sa chair, douce et froide à la fois, son corps, si peu familier… Je pensais ne jamais pouvoir surmonter mon trouble. Aujourd'hui, le temps a passé et je tranche le calmar sans sourciller. Si cette expérience, pourtant riche de sensations, ne vous tente pas, misez sur le surgelé. Vous n'aurez qu'à faire décongeler vos anneaux sous l'eau fraîche, sortir votre bocal de coulis de tomate du réfrigérateur (je vous avais bien dit que c'était indispensable !) et faire mijoter tout ça à feu doux. Presque trop simple.

Pour 4 personnes

Préparation : 20 min
Cuisson : 1 h 10

Ingrédients

1 kg de calmars ou encornets (800 g d'anneaux de calmars surgelés)
1 grosse boîte de tomates pelées au naturel (ou 3 tomates fraîches)
2 gousses d'ail (2 cuil. à soupe d'ail émincé surgelé)
1 gros oignon (200 g d'oignons émincés surgelés)
1 cuil. à café d'herbes de Provence
2 brins de thym
3 feuilles de laurier

● Nettoyer les calmars. Tirer sur la tête, couper et jeter les yeux et le bec. Retirer le cartilage situé dans les poches et la pellicule qui les recouvre. Couper les poches en anneaux d'1,5 cm de large et les tentacules en deux. Laver et sécher le tout.

● Peler et hacher l'ail et les oignons. Égoutter les tomates et les réduire en purée en les écrasant à la fourchette.

● Faire chauffer 2 cuil. à soupe d'huile dans une sauteuse et faire fondre l'ail et l'oignon pendant 2 min à feu doux sans cesser de remuer. Ajouter les tomates, les herbes de Provence, le piment, saler et poivrer. Couvrir et laisser cuire 40 min à feu très doux en remuant souvent. Retirer le couvercle 10 min avant la fin de la cuisson pour que la sauce épaississe.

● Dans une casserole, verser 1 cuil. à soupe d'huile d'olive et faire sauter les calmars 3 min à feu plutôt vif. Ajouter 1 petit verre d'eau (15 cl environ), le bâton de cannelle coupé en deux, les clous de girofle, le thym et le laurier. Laisser cuire 30 min à petit bouillons.

1 cuil. à soupe de crème
fraîche épaisse
3 cuil. à soupe d'huile
d'olive
1 bâton de cannelle
3 clous de girofle
1 ou 2 pincées de piment
de Cayenne
Sel et poivre du moulin

Matériel
2 sauteuses ou 2 casseroles
avec couvercle

Calories : 390 kcal/pers

Conservation
Évitez de conserver ce plat
une fois la crème ajoutée.

Coteaux-de-pierrevert
rosé (vallée du Rhône),
servir à 10°

• À la fin de la cuisson, Le liquide doit être presque complètement évaporé. Retirer alors les herbes et les épices, puis verser la sauce sur les calmars. Laisser cuire encore 10 min. Ajouter la crème et laisser chauffer quelques instants à feu doux. Rectifier l'assaisonnement. Servir bien chaud avec du riz blanc à grains longs.

Variante
Remplacez le piment de Cayenne par une dose de safran.

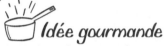

Idée gourmande
Ajouter 1 cuil. à soupe de câpres dans la sauce avant de servir et saupoudrer d'estragon haché.

Le conseil de Julie
Vous pouvez réaliser ce plat 48 h à l'avance à condition de n'ajouter la crème fraîche qu'au dernier moment.

moules normandes

Encore un détournement de recette. Au traditionnel vin blanc, j'ai substitué le cidre, et la crème fraîche prend le pas sur le beurre. Un camembert fait à cœur en guise de dessert et vous avez fait l'aller-retour Paris-Deauville sans les embouteillages.

Pour 6 personnes

Préparation : 20 min
Cuisson : 15 min

Ingrédients

3 kg de moules
(de bouchot, si possible)
50 cl de cidre
15 cl de crème fraîche
liquide
3 jaunes d'œufs
3 échalotes (300 g
d'échalotes émincées
surgelées)
30 g de beurre
1/2 citron (jus)
1/2 bouquet de ciboulette
(2 cuil. à soupe de
ciboulette ciselée surgelée)
1 feuille de laurier
Poivre du moulin

Matériel

1 faitout ou 1 grande
cocotte avec couvercle,
1 écumoire ou 1 passoire

Calories : 340 kcal/pers

- Gratter les moules, retirer les filaments et les laver dans plusieurs eaux. Éplucher et émincer les échalotes. Laver, sécher et ciseler la ciboulette.

- Faire chauffer le beurre dans le faitout et faire revenir les échalotes à feu moyen pendant 3 min. Ajouter le cidre et le laurier, porter à ébullition et verser les moules. Couvrir et laisser cuire 4 à 5 min, jusqu'à ce qu'elles soient toutes ouvertes. Remuer de temps en temps.

- Retirer les moules avec une écumoire et les réserver au chaud. Jeter toutes celles qui ne sont pas ouvertes.

- Faire réduire le jus à feu vif pendant 5 min.

- Mélanger la crème, les jaunes d'œufs et le jus du 1/2 citron, poivrer généreusement. Verser le tout dans la cocotte, baisser le feu et laisser chauffer 2 min sans cesser de remuer (porter à ébullition si la sauce est trop liquide). Retirer la feuille de laurier et rectifier l'assaisonnement. Verser la sauce sur les moules et parsemer de ciboulette ciselée. Servir sans attendre et proposer des tranches de pain de campagne grillées.

Variante

Pour une saveur plus douce, remplacez le cidre par 20 cl de pineau des Charentes. Vous pouvez aussi remplacer les échalotes par 2 oignons et la ciboulette par du persil ou du cerfeuil.

poissons, coquillages et crustacés

Cheverny blanc
(vallée de la Loire),
servir à 9-11°

Idée gourmande

Ajoutez une pincée
de safran ou
de curry.

Le conseil de Julie

Filtrez votre jus de moules à travers une mousseline pour retenir le sable.

Que faire des restes ?

Cassolettes de moules. Décoquillez les moules restantes, déposez-les dans des cassolettes individuelles, nappez-les de sauce et passez 2 min sous le gril du four.

fricassée
de palourdes

Une bonne pointe d'ail, un service à la louche et du jus qui ruisselle jusqu'aux coudes (si, si, c'est meilleur comme ça !), voilà un plat qu'il vaut mieux réserver aux copains ou aux enfants. N'oubliez pas de rincer soigneusement vos palourdes, vous auriez du mal à défendre, devant vos invités, l'originalité d'un coquillage farci au sable.

Pour 4 personnes

Préparation : 10 min
Cuisson : 10 min

Ingrédients
1,7 kg de palourdes
1 verre de vin blanc sec
3 cuil. à soupe d'huile d'olive
3 gousses d'ail (1 cuil. à soupe d'ail émincé surgelé)
3 piments de Cayenne séchés
1/2 bouquet de persil plat (3 cuil. à soupe de persil ciselé surgelé)
2 cuil. à soupe de chapelure
Poivre du moulin

Matériel
1 sauteuse ou 1 grande casserole avec couvercle, 1 louche pour servir

● Faire tremper les palourdes dans un bac d'eau froide et les remuer. Les égoutter et les sécher. Hacher finement les gousses d'ail. Ciseler le persil.

● Verser l'huile et les piments dans la sauteuse, faire chauffer à feu moyen. Jeter les palourdes. Laisser cuire 5 min en remuant.

● Ajouter l'ail et le persil, remuer, saupoudrer de chapelure et arroser de vin blanc. Laisser cuire 5 min à feu vif en mélangeant fréquemment. Retirer du feu. Poivrer, couvrir et laisser reposer quelques minutes avant de servir.

● Présenter dans des assiettes creuses et utiliser une louche pour recueillir la sauce.

● Servir en entrée, accompagné de tranches de pain de campagne grillées ou augmenter les proportions pour servir en plat principal.

Variante

Remplacez les palourdes par des praires ou des coques.

Calories : 125 kcal/pers

Mâcon-villages blanc
(Bourgogne),
servir à 8°

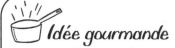

Idée gourmande

Ajoutez 1 cuil. à soupe de noix pilée à la chapelure.

Le conseil de Julie

Lavez et séchez soigneusement les palourdes avant de les préparer. Si quelques-unes sont ouvertes avant la cuisson, saisissez-les entre vos doigts : si elles se referment, c'est qu'elles sont bien vivantes, sinon, jetez-les.

Que faire des restes ?

Salade de palourdes au curry. Décoquillez les palourdes, mélangez-les ainsi que la sauce à une salade d'œufs durs mayonnaise. Ajoutez une pincée de curry, du persil plat et servez bien frais.

Saint-Jacques
au safran

Rien de meilleur que des noix fraîches emprisonnées dans leur coquille. Mais si votre envie de Saint-Jacques ne peut se plier à la loi des saisons, achetez-les surgelées et faites-les décongeler dans du lait. Dans ce cas comme au marché, sachez achetez malin. Bien qu'elles soient plus chères que les néo-zélandaises ou les canadiennes, les noix françaises sont incontestablement plus tendres et plus savoureuses.

Si vous craignez que votre porte-monnaie ne prenne un coup de froid, vous pouvez éventuellement les remplacer par des noix de pétoncles. Frais ou surgelés, Saint-Jacques ou pétoncles, évitez à tout prix de dépasser le temps de cuisson conseillé au risque de voir leur chair fondante virer au caoutchouc. Et, à ce prix-là, vous auriez mieux fait d'acheter un foie gras truffé.

Pour 4 personnes

Préparation : 20 min
Macération : 30 min
Cuisson : 20 min environ

Ingrédients
16 belles coquilles
Saint-Jacques
2 échalotes (200 g
d'échalotes émincées
surgelées)
2 ou 3 pincées de filaments
ou de poudre de safran

● Si ce n'est pas déjà fait, détacher les noix et les coraux des coquilles, retirer les barbes grises et la poche noire, les rincer, les éponger soigneusement et les arroser de cognac. Saler et poivrer. Mélanger et laisser macérer 30 min au frais.

● Pendant ce temps, ébouillanter, peler et concasser les tomates. Peler et émincer finement les échalotes. Délayer les filaments de safran dans un peu d'eau chaude.

● Prélever les coraux des Saint-Jacques et les écraser à la fourchette pour les réduire en purée. Réserver les noix.

● Dans une poêle, faire chauffer le beurre à feu doux. Égoutter les noix de Saint Jacques et les poêler 1 min de chaque côté, elles

20 cl de crème fraîche liquide
3 grosses tomates bien mûres (1 boîte de tomates pelées au naturel)
3 cuil. à soupe de cognac
30 g de beurre
Sel et poivre du moulin

Matériel
1 plat creux, 1 casserole, 1 poêle avec couvercle

Calories : 450 kcal/pers

Pessac-léognan blanc (Bordelais),
servir à 10°

doivent être juste saisies. Verser le cognac de macération, retirer du feu, couvrir et laissez infuser 3 min. Retirer les noix et les réserver.

● Faire revenir les échalotes avec le safran pendant 5 min dans la poêle à feu moyen. Verser les tomates et la crème, couvrir et laisser cuire 5 min. Ajouter le hachis de corail et prolonger la cuisson de 5 min, à découvert, pour que la sauce épaississe. Rectifier l'assaisonnement si nécessaire.

● Ajouter les Saint-Jacques, mélanger et laisser réchauffer à feu très doux pendant 2 min. Servir accompagné de riz blanc légèrement beurré.

Variante

Remplacez les Saint-Jacques par des **noix de pétoncles**, moins onéreuses, et comptez 8 pétoncles par personne.

Idée gourmande

Si vous avez le temps, proposez 3 sortes de riz différents en accompagnement : blanc, sauvage et un riz aux dés de tomates fraîches.

Le conseil de Julie

Si vous appréciez les plats relevés, n'hésitez pas à ajouter une pincée de piment de Cayenne en poudre en même temps que le safran.

poissons, coquillages et crustacés

bœuf

boulettes de bœuf
aux aubergines

La mie de pain ramollie, habituellement utilisée pour épaissir les boulettes, est ici remplacée par une purée d'aubergines légère et délicatement parfumée au cumin. Le plaisir du régime n'est plus un vain mot. N'oubliez pas de passer cette purée à la poêle pour qu'elle perde toute son eau.

Pour 4 personnes

Préparation : 10 min
Cuisson : 45 min

Ingrédients
500 g de bœuf haché
3 petites aubergines
2 jaunes d'œufs
1 cuil. à café de cumin en poudre
1/2 cuil. à café de paprika
1/2 bouquet de persil plat
(3 cuil. à soupe de persil plat ciselé surgelé)
5 cuil. à soupe d'huile d'olive
Sel et poivre du moulin

Matériel
Papier d'aluminium,
1 saladier, 1 grande poêle

Calories : 360 kcal/pers

Conservation
24 h au réfrigérateur.
Peut être surgelé.

aubergines « à la plaque »

● Préchauffer le four à 180 °C (th. 6). Emballer chaque aubergine dans une grande feuille de papier d'aluminium. Les poser directement sur la plaque du four et laisser cuire 30 min.

● Pendant ce temps, laver, sécher et ciseler le persil, puis mélanger dans un grand saladier la viande hachée, les jaunes d'œufs, le paprika, du sel et du poivre.

● Retirer les aubergines du four, laisser tiédir et prélever la chair à l'aide d'une cuillère à soupe. Hacher cette pulpe au couteau et ajouter le cumin.

● Faire chauffer 1 cuil. à soupe d'huile d'olive dans une grande poêle et faire revenir la purée d'aubergines pendant 10 min à feu moyen-doux, jusqu'à ce qu'elle se dessèche légèrement. Remuer régulièrement. Verser cette purée dans le saladier de viande hachée épicée, mélanger et façonner des boulettes entre vos doigts.

et boulettes à la poêle

● Faire chauffer 4 cuil. à soupe d'huile d'olive dans la même poêle et faire frire les boulettes jusqu'à ce qu'elles soient bien dorées, 5 min environ. Égoutter sur un papier absorbant et servir

bœuf

avec une *Semoule aux petits légumes* (p. 177) ou des cubes d'aubergines farinés et sautés à l'huile d'olive.

Coteaux-de-pierrevert rouge (vallée du Rhône), servir à 13-15°

Idée gourmande

Passez les boulettes dans l'œuf battu, puis dans un mélange de chapelure et de sésame avant de les faire cuire.

Variante

Boulettes d'agneau (ou de veau) aux aubergines. Remplacez le bœuf par de l'agneau ou du veau et le cumin par de la coriandre.

Le conseil de Julie

La puissance du hachoir aurait pour effet de faire éclater les petites graines, très amères, contenues dans la pulpe de l'aubergine. Allez-y à la force du poignet, vous serez récompensé.

bœuf

bœuf stroganoff

Une célèbre recette slave qui serait issue de l'imagination d'un cuisinier français alors au service d'une grande famille de marchands russes. Cocorico! Attention, le filet de bœuf est un morceau très fin mais très onéreux. À réserver pour les grandes occasions ou les dîners amoureux (là, je frôle le pléonasme).

Pour 6 personnes

Préparation : 15 min
Cuisson : 15 min

Ingrédients

900 g de filet de bœuf
4 oignons (600 g d'oignons émincés surgelés)
500 g de petits champignons de Paris
(500 g de champignons de Paris en boîte)
20 cl de crème fraîche liquide
1/2 citron (jus)
2 cuil. à café de paprika
1 cuil. à soupe rase de ketchup
1 cuil. à soupe rase de moutarde forte de Dijon
2 cuil. à soupe d'huile d'arachide
1 bonne pincée de noix muscade
Sel et poivre du moulin

Matériel

1 cocotte avec couvercle

- Couper la viande en lamelles d'1 cm d'épaisseur. Éplucher et émincer les oignons. Couper la queue des champignons. Laver, sécher et émincer les têtes.

- Faire chauffer l'huile dans la cocotte et faire sauter la viande avec le paprika et la noix muscade 2 min à feu moyen. Retirer la viande et verser les oignons et les champignons. Couvrir et laisser cuire 10 min à feu doux en remuant souvent.

- Ajouter le jus de citron, le ketchup, mélanger, puis verser la crème fraîche liquide. Laisser frémir 1 à 2 min, puis ajouter la viande et le jus rendu. Laisser chauffer 1 min, retirer du feu, ajouter la moutarde, saler, poivrer et mélanger soigneusement. Servir bien chaud, accompagné de pâtes fraîches ou d'une purée de pommes de terre.

Variante

Remplacez le filet par du rumsteak ou de la noix de **veau**, et le ketchup par du concentré de tomate et 1 cuil. à café de sucre.

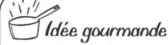 *Idée gourmande*

Parsemez de persil plat avant de servir.

Calories : 430 kcal/pers

Faugères (Languedoc), servir à 16°

Le conseil de Julie

Cette préparation ne doit jamais cuire à feu vif.

Que faire des restes ?

Hachis Parmentier au céleri. Hachez ensemble tous les ingrédients, tapissez un plat à gratin, recouvrez d'une purée pommes de terre-céleri et faites gratiner 10 min à four chaud.

bœuf

mon tartare

Le tartare est un de ces plats basiques que l'on fait toujours « à l'œil » et que l'on rate une fois sur deux. Voici une recette éprouvée dont l'alchimie n'est pourtant pas rigide : si certains ingrédients vous manquent, remplacez-les par d'autres au goût approchant ou oubliez-les carrément. Le résultat ne sera pas moins explosif !

Pour 4 personnes

Préparation : 15 min
Pas de cuisson

Ingrédients

800 g de rumsteak haché
1 gros oignon blanc
3 jaunes d'œufs
2 cuil. à soupe de moutarde forte de Dijon
2 cuil. à soupe de crème fraîche
3 cuil. à soupe de ketchup
1 cuil. à soupe de sauce Worcester
1 cuil. à soupe de cognac ou d'armagnac
1 cuil. à soupe de jus de citron
1/2 cuil. à café de cumin en poudre
1/2 cuil. à café de piment de Cayenne en poudre
3 cuil. à soupe d'huile d'olive
3 cuil. à soupe de ciboulette ciselée

● Laver, sécher et couper finement la ciboulette. Éplucher et couper l'oignon en tout petits dés.

● Dans un saladier, mélanger tous les ingrédients sauf la viande. Fouetter à la fourchette entre chaque ajout.

● Incorporer la viande et mélanger en soulevant avec 2 fourchettes pour aérer la préparation.

● Présenter en forme de pavés dans des assiettes creuses. Accompagner d'une salade verte ou de frites bien croustillantes.

Variante

Les vrais amateurs de tartare vous diront que la viande doit être hachée finement au couteau pour garder une certaine consistance. Si vous avez le courage... rien n'est plus efficace pour faire travailler ses biceps.

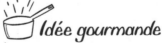

Idée gourmande

À table, proposez des câpres, des citrons, les sauces, les épices et, éventuellement, une vinaigrette aux herbes fraîches.

1 cuil. à café de sel fin
1/2 cuil. à café de poivre
moulu

Matériel
1 saladier

Calories : 600 kcal/pers

Conservation
Évitez de conserver la
viande crue, même au
réfrigérateur.

 Chinon (Touraine),
rouge, servir à 14°

Le conseil de Julie

Pour une présentation amusante, prévoyez 4 jaunes d'œufs, réservez-les
et disposez chaque jaune dans sa demi-coquille au sommet de chaque
pavé. Chacun fera son mélange.

Que faire des restes ?

Poêlez les restes en steaks le jour même et réchauffez le lendemain.

steaks
aux 5 poivres

Petit détour par la boucherie après le boulot, une poignée de grains de poivre piochés dans le garde-manger, et une bonne salade verte à la moutarde, voilà un repas improvisé qui ne déçoit jamais. Une preuve supplémentaire que les recettes traditionnelles sont souvent les plus réjouissantes. Au plaisir de l'habitude, j'essaie toujours d'apporter un petit grain de fantaisie. Pour le steak au poivre, impossible de changer le steak, j'ai donc choisi de varier les poivres... mais n'oubliez pas de les concasser pour éviter de transformer la tablée en une joyeuse bande de tuberculeux.

Pour 4 personnes

Préparation : 15 min
Cuisson : 6 à 12 min, selon le degré de cuisson souhaité

Ingrédients
4 steaks épais, coupés dans le rumsteak ou le filet
1 cuil. à soupe de poivre noir en grains
1 cuil. à soupe de poivre blanc en grains
1 cuil. à soupe de poivre vert séché en grains
1 cuil. à soupe de poivre de Szechuan
2 cuil. à soupe d'huile d'arachide

• Écraser tous les grains de poivre dans un mortier ou les passer rapidement au hachoir. Vous devez obtenir des éclats et non une poudre fine. Placer ce mélange dans une assiette creuse.

• Badigeonner les steaks d'huile et les passer dans le poivre pour qu'ils en soient recouverts. Écraser la viande pour faire pénétrer le poivre. Secouer pour retirer l'excédent. Saler les steaks des deux côtés.

• Faire chauffer le beurre dans une poêle à feu vif et poêler les steaks 3 à 6 min de chaque côté, selon le degré de cuisson souhaité.

• Verser le cognac dans la poêle et flamber. Remuer la poêle jusqu'à ce que la flamme s'éteigne. Retirer la viande de la poêle, la placer dans le plat de service et la réserver au chaud.

• Verser la crème, mélanger au jus de viande et faire chauffer à feu doux 1 à 2 min sans cesser de remuer. Rectifier l'assaisonnement si nécessaire et napper les steaks de cette sauce. Servir avec des haricots verts, une salade verte ou des frites.

30 g de beurre
4 cuil. à soupe de cognac
3 cuil. à soupe de crème
fraîche épaisse
Sel

Matériel
1 mortier ou 1 mini-hachoir,
1 grande poêle

Calories : 500 kcal/pers

Cru bourgeois
listrac-médoc
(Bordelais), servir à 18°

Variante

Remplacez les 4 poivres par 3 cuil. à soupe de poivre gris ou vert.

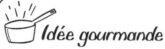
Idée gourmande
Laissez mariner les steaks dans l'huile et le poivre pendant 3 h avant de les faire cuire.

Le conseil de Julie
Poêlez légèrement les grains de poivre avant de les écraser pour amplifier leur arôme.

Que faire des restes ?
Boulettes de bœuf aux cinq poivres. Hachez la viande sans la sauce avec de la mie de pain préalablement trempée dans le lait, du persil haché, 2 pincées de quatre-épices, 2 oignons, 2 gousses d'ail, du sel et du poivre. Confectionnez des boulettes, trempez-les dans la farine, puis dans l'œuf battu. Laissez dorer sur feu moyen. Servez avec une sauce tomate.

escalopes de veau
gratinées

Toute la réussite de cette recette réside dans le calibre des tranches : veau, gruyère et jambon doivent rivaliser de finesse... Petit conseil : demandez à votre boucher d'aplatir les escalopes.

Pour 4 personnes

Préparation : 5 min
Cuisson : 12 min

Ingrédients

4 escalopes de veau de 150 g chacune environ
4 tranches fines de jambon cru
4 tranches fines de gruyère
10 cl de crème fraîche liquide
20 g de beurre
30 g de gruyère râpé
1 cuil. à soupe de vin blanc
1 pincée de noix muscade
1 cuil. à café de paprika
Sel et poivre du moulin

Matériel

1 grande poêle, 1 plat à gratin

Calories : 560 kcal/pers

Conservation

24 h au réfrigérateur. Réchauffer 5 min à four doux.

Bourgueil (Touraine), rouge, servir à 14°

● Faire chauffer le beurre à feu moyen dans une poêle. Faire colorer les escalopes 1 min sur chaque face et les disposer côte à côte dans un plat à gratin. Couvrir chaque escalope d'une tranche de gruyère et d'une tranche de jambon cru (il est conseillé de retirer le gras du jambon).

● Préchauffer le four à 240 °C (th. 8). Mélanger la crème et le vin blanc, ajouter le paprika, la muscade, saler légèrement et poivrer. Verser ce mélange sur les escalopes et saupoudrer de gruyère râpé. Faire gratiner 10 min en plaçant le plat dans le haut du four. Servir immédiatement, accompagné d'une salade verte.

Variante

Escalopes de dinde gratinées. Remplacez les escalopes de veau par des escalopes de dinde et le gruyère par du comté.

saltimbocca
à la romaine

Un plat léger, rapide et terriblement chic. Oubliez le rouleau à pâtisserie et demandez à votre boucher de bien aplatir les escalopes pour éviter qu'on ne prenne vos saltimbocca pour des paupiettes !

Pour 6 personnes

Préparation : 5 min
Cuisson : 15 min

Ingrédients
6 fines tranches de veau
6 tranches de jambon
San Daniele
12 feuilles de sauge fraîche
4 cuil. à soupe d'huile
d'olive
Sel et poivre

Matériel
6 cure-dents

Calories : 480 kcal/pers

Chianti classico (Italie), servir à 15°

● Découper les tranches de jambon en rectangles un peu plus petits que les escalopes. Sur chaque escalope, disposer 1 tranche de jambon et 2 feuilles de sauge. Replier en deux et maintenir le tout avec un cure-dents.
● Faire chauffer l'huile à feu vif dans une grande poêle et faire cuire les saltimbocca environ 15 à 17 min à feu vif. Les retourner en fin de cuisson, saler (peu car le jambon est déjà salé) et poivrer. Disposer dans le plat de service. Verser un peu d'eau dans la poêle pour déglacer les résidus de cuisson, verser sur la viande et servir immédiatement.

Variante

– Déglacez votre poêle au marsala, ou à défaut, au vin blanc.
– Vous pouvez ajouter une fine tranche de gruyère sur le jambon.

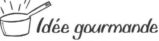

Idée gourmande

Accompagnez de *Purée de pommes de terre à l'huile d'olive* (p. 190), ou d'*Épinards au vinaigre balsamique* (p. 186).

Le conseil de Julie

Faites cuire les escalopes à feu vif pour éviter qu'elle ne rendent de l'eau à la cuisson.

Côtes de veau
au cidre et à l'estragon

Trop souvent délaissé au profit du basilic, l'estragon délivre pourtant un parfum anisé qui peut être associé à de nombreuses recettes. Autre qualité notable, une infusion d'estragon éliminera en un clin d'œil les lourdeurs d'estomac les plus tenaces. Bref, une herbe qui mérite qu'on lui jette quelques coups de ciseaux…

Pour 6 personnes

Préparation : 10 min
Cuisson : 30 min

Ingrédients
4 côtes de veau de 200 g chacune
15 cl de cidre
15 cl de crème fraîche liquide
2 échalotes (200 g d'échalotes émincées surgelées)
500 g de petits champignons de Paris (500 g de champignons de Paris en boîte)
1/2 citron (jus)
25 g de beurre
1 cuil. à soupe d'huile neutre
1 cuil. à café de fond de veau déshydraté
2 brins d'estragon (1 cuil. à soupe d'estragon ciselé surgelé)
Sel et poivre du moulin

• Couper la queue des champignons, les laver et les sécher soigneusement. Couper les plus gros en lamelles. Éplucher et émincer les échalotes. Presser le jus du demi-citron. Effeuiller et ciseler l'estragon.

• Dans une grande poêle, faire chauffer 1 cuil. à soupe d'huile. Verser les échalotes, faire revenir 2 min à feu moyen sans colorer, puis ajouter les champignons. Saler, poivrer et verser le jus de citron. Laisser cuire pendant 10 min en remuant souvent jusqu'à ce que toute l'eau soit évaporée. Ils doivent cuire sans trop colorer. Réserver.

• Dans la même poêle, mettre le beurre et faire cuire les côtes de veau 12 à 15 min, jusqu'à ce qu'elles soient bien dorées. Saler et poivrer. Retirer les côtes de la poêle et y verser le cidre. Gratter les sucs de cuisson avec une spatule et faire réduire à feu vif. Baisser le feu puis ajouter la crème liquide, le fond de veau et les champignons. Porter à ébullition et retirer du feu. Rectifier l'assaisonnement. Remettre les côtes dans la poêle et les retourner pour bien les enrober de sauce. Saupoudrer d'estragon ciselé et servir immédiatement.

Variante
Remplacez le cidre par un demi-verre de porto sec ou du jus de pomme.

Matériel
1 grande poêle

Calories : 500 kcal/pers

Reuilly rouge (Centre),
servir à 14°

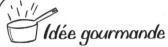

Idée gourmande

Servez ces côtes avec des pommes fruits sautées au beurre ou des pâtes fraîches.

Le conseil de Julie

Pour que les côtes de veau ne se rétractent pas à la cuisson, entaillez la graisse au couteau avant de les poêler.

Que faire des restes ?

Gratin de veau aux macaroni. Hachez ensemble les restes du plat et une poignée de persil plat. Faites revenir ce hachis dans un peu de beurre 2 min à la poêle et versez-le sur des macaroni cuits. Saupoudrez de chapelure et faites gratiner à four chaud.

Osso-buco
à la milanaise

Un des plats les plus réputés de la cuisine transalpine. Pour obtenir une viande bien confite, un mijotage en douceur est préférable, mais vous pouvez toutefois augmentez le four à 180 °C (th. 6) et réduire le temps de cuisson d'une heure. Un truc anti-bousculade : préparez votre osso-buco à l'avance ou carrément le dimanche (le plat peut être conservé deux jours au réfrigérateur), vous n'aurez plus qu'à faire réchauffer à petit feu avant de passer à table. Juste le temps de préparer un Risotto à la milanaise (voir p. 216) ou, mon favori, un Risotto aux herbes et au citron (p. 220).

Pour 6 personnes

Préparation : 30 min
Cuisson : 2 h 30

Ingrédients

6 rouelles de jarret de veau de 5 cm d'épaisseur
3 grosses boîtes de tomates pelées au naturel
4 carottes moyennes
3 oignons (500 g d'oignons émincés surgelés)
3 gousses d'ail (1 cuil. à soupe d'ail émincé surgelé)
3 branches de céleri
25 cl de vin blanc sec
50 cl de bouillon de viande (2 cubes)
6 cuil. à soupe d'huile d'olive

Ma cocotte à dorer

● Éplucher et hacher finement les carottes, les oignons, l'ail et le céleri. Faire fondre le beurre dans une cocotte et y faire revenir les légumes hachés jusqu'à ce qu'ils soient dorés.

● Saler, poivrer et fariner les rouelles. Secouer pour enlever l'excédent de farine. Chauffer l'huile dans la poêle et faire dorer la viande sur toutes ses faces à feu moyen.

● Retirer la viande et la poser sur les légumes, dans la cocotte.

● Jeter l'huile de la poêle, verser le vin blanc à la place et gratter les résidus de cuisson avec une spatule. Laisser réduire jusqu'à ce qu'il n'y ait plus que 4 à 6 cuil. à soupe de liquide. Faire chauffer le bouillon à feu doux.

mijotez à petit four

● Préchauffer le four à 110 °C (th.3-4).

3 cuil. à soupe de beurre
1/2 bouquet de persil
(3 cuil. à soupe de persil
ciselé surgelé)
50 g de farine
1/2 cuil. à café d'origan
1/2 cuil. à café de thym
2 feuilles de laurier
Sel et poivre du moulin

Matériel
1 grande cocotte allant au
four, 1 grande poêle,
1 petite casserole

Calories : 570 kcal/pers

Conservation
2 à 3 jours au réfrigérateur.

Bandol rouge
(Provence),
servir à 16°

● Égoutter les tomates et concasser la chair. Hacher grossièrement le persil avec les tiges.

● Verser 25 cl de bouillon dans la poêle. Ajouter le persil haché, le thym, l'origan, le laurier et les tomates. Saler, poivrer et porter à ébullition.

● Verser cette sauce dans la cocotte. Couvrir et enfourner. Faire cuire 2 h en arrosant de bouillon toutes les 30 min.

● Retirer les feuilles de laurier et servir bien chaud avec des pâtes fraîches ou un risotto.

Variante

Si vous n'avez pas de four, vous pouvez également cuire la viande sur feu doux, en suivant les mêmes temps de cuisson.

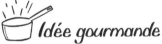

Idée gourmande

Pour un repas typiquement italien, saupoudrez votre osso-buco d'une *Gremolata* (1 bouquet de persil plat haché avec le zeste d'1 citron non traité et 3 gousses d'ail) 10 min avant la fin de la cuisson.

Le conseil de Julie

Ficelez les tranches de jarret pour éviter qu'elles ne se déforment. Et n'oubliez pas de couper les ficelles avant de servir !

Que faire des restes ?

Sauce bolognaise. En hachant les restes de viande, vous obtiendrez une sauce incomparable. Pour votre culture personnelle, sachez que les Italiens ne revendiquent pas la paternité de la sauce bolognaise.

agneau

gigot d'agneau rôti
aux herbes

Une chair tendre et parfumée, cuite dans une croûte d'herbes fraîches, voilà une cuisse qui suscite bien des émois lorsqu'elle se dévoile. Si vous avez le temps, couvrez votre gigot d'herbes 2 h avant de le faire cuire pour qu'il s'imprègne des arômes. À accompagner d'une salade de petites courgettes râpées ou d'une purée de pommes de terre à l'huile d'olive (p. 190).

Pour 6 personnes

Préparation : 10 min
Cuisson : 45 min +
15 min de repos

Ingrédients

1 gigot d'agneau de 1,5 kg
dégraissé
2 cuil. à soupe d'huile
d'olive
3 ou 4 gousses d'ail
(1,5 cuil. à soupe d'ail
émincé surgelé)
2 feuilles de sauge fraîche
(2 pincées de sauge
séchée)
2 brins de romarin frais
(1 cuil. à café de romarin
séché)
2 feuilles de laurier
2 brins de thym frais ou
1/2 cuil. à café de thym
déshydraté
60 g de beurre

• Effeuiller les herbes et les hacher finement dans un verre avec une paire de ciseaux. Éplucher les gousses d'ail et les couper en quatre dans le sens de la longueur.

• Badigeonner le gigot de 2 cuil. à soupe d'huile d'olive (avec les doigts, c'est plus simple) et l'entailler en plusieurs endroits avec la pointe d'un couteau. Garnir chaque trou d'un quart de gousse d'ail et d'herbes ciselées. Saupoudrer le gigot du reste d'herbes.

• Préchauffer le four à 240 °C (th. 8). Placer le gigot dans un plat, saler et poivrer, déposer dessus 30 g de beurre en dés. Enfourner et faire cuire pendant 30 min en arrosant régulièrement de jus de cuisson.

• Verser le vin sur la viande et baisser à 180 °C (th. 6). Poursuivre la cuisson pendant 15 min.

• Le sortir du four et l'envelopper dans une double épaisseur de papier d'aluminium. Laisser reposer 10 min à l'entrée du four. Pendant ce temps, dégraisser le jus de cuisson en retirant le gras qui apparaît en surface.

• Porter le plat sur feu moyen, verser 3 cuil. à soupe d'eau et déglacer le plat en grattant les sucs de cuisson avec une spatule.

1 verre de vin blanc sec
Sel et poivre du moulin

Matériel
1 plat allant au four, papier
d'aluminium

Calories : 560 kcal/pers

 Fitou (Languedoc),
servir à 16°

**Idée
gourmande**

Accompagnez ce
plat d'une *Galette
de pommes de terre
aux oignons*
(p. 196) ou d'une
salade verte
assaisonnée à l'huile
d'olive.

Ajouter 30 g de beurre, rectifier l'assaisonnement et verser dans
une saucière.

Variante

Vous pouvez faire cuire l'ail à côté du gigot. Dans ce cas, après 10 min
de cuisson, placez une quinzaine de gousses d'ail en chemise (avec leur
peau) autour du gigot et arrosez-le de 2 verres d'eau bouillante. Servez
les gousses d'ail entières.

Le conseil de Julie

Étalez le hachis d'herbes sur le gigot et laissez reposer 2 h avant de le
faire cuire.

Que faire des restes ?

Hachis parmentier aux herbes. Hachez les restes, tapissez un plat à
gratin de ce mélange, recouvrez de purée de pommes de terre et faites
gratiner 10 min.

tajine d'agneau
aux dattes et aux amandes

Une explosion de saveurs pour ce plat authentiquement marocain. Avantage de cette cuisine : les ingrédients peuvent se substituer les uns aux autres, les épices se mélangent avec audace et les temps de cuisson ne sont qu'indicatifs. Trente minutes peuvent suffire à réaliser un excellent tajine, mais je vous conseillerai plutôt de vous y mettre à l'avance, quitte à sortir pour faire vos dernières courses pendant que le tout mijote tranquillement (n'oubliez pas vos clefs, je n'assume aucune responsabilité !).

Pour 6 personnes

Préparation : 5 min
Cuisson : 1 h 30

Ingrédients

1 kg d'épaule d'agneau
coupée en morceaux
500 g de dattes
70 g d'amandes mondées
(pelées et entières)
3 oignons (500 g d'oignons
émincés surgelés)
2 gousses d'ail (2 cuil. à
café d'ail émincé surgelé)
1 cuil. à soupe de cannelle
en poudre
1 cuil. à soupe de cumin en
poudre
2 doses de safran
1 bonne pincée de piment
de Cayenne moulu

● Dans un plat creux, mélanger le cumin, le safran, le piment, la cannelle et 2 cuil. à soupe d'huile d'olive. Saler et poivrer légèrement. Ajouter les morceaux de viande et mélanger pour les imprégner des épices. Laisser reposer.

● Pendant ce temps, peler et émincer les oignons. Hacher ou écraser l'ail. Faire chauffer 1 cuil. à soupe d'huile d'olive dans une grande cocotte et faire revenir ail et oignon à feu moyen pendant 2 min. Ajouter la viande et sa marinade. Mélanger sur feu vif pendant 7 à 10 min jusqu'à ce que la viande soit dorée sur toutes ses faces.

● Faire bouillir 50 cl d'eau avec le cube de bouillon et verser le tout sur la viande. Couvrir et laissez cuire 1 h 15 sur feu très doux, en maintenant un petit bouillon.

● Pendant ce temps, dénoyauter les dattes en les incisant avec un couteau pointu. Retirer le couvercle après 45 min de cuisson pour que la sauce réduise. 20 min avant la fin de la cuisson, ajouter les dattes et le miel.

3 cuil. à soupe d'huile
d'olive
1 cube de bouillon de bœuf
1 bonne cuil. à soupe de
miel
Sel et poivre du moulin

Matériel
1 cocotte, 1 poêle

Calories : 580 kcal/pers

Châteauneuf-du-pape
rouge (vallée du
Rhône), servir à 17°

● Faire dorer les amandes dans une poêle sèche pendant 5 min, les verser sur la viande, mélanger et servir immédiatement avec de la graine de couscous ou du boulgour (blé concassé).

Variante

Tajine d'agneau aux pruneaux et aux amandes. Remplacez les dattes par des pruneaux ; dans ce cas, retirez le safran.

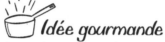

Idée gourmande
Saupoudrez ce tajine de graines de sésame.

Le conseil de Julie

Si la sauce est trop liquide, retirez la viande à l'aide d'une écumoire et laissez réduire sur feu vif. Remettez la viande, mélangez et servez.

Que faire des restes ?

Boulettes d'agneau. Hachez la viande, ajoutez de la mie de pain préalablement plongée dans le lait, façonnez des boulettes, plongez-les dans l'œuf battu puis dans la chapelure et faites-les dorer dans l'huile d'olive bien chaude.

brochettes
d'agneau mariné

Ce n'est pas parce qu'on a un deux-pièces-cuisine, pas de barbecue, pas de jardin et pas de hotte qu'il faut se priver de brochettes ! Ouvrez les fenêtres, chauffez au maximum le gril de votre four et lancez les invitations : le grand méchoui du dimanche est pour bientôt...

Pour 4 personnes

Préparation : 10 min
Marinade : 1 nuit
Cuisson : 15 min

Ingrédients
1 épaule d'agneau
désossée et coupée
en petits morceaux
3 gros champignons
de Paris
1 poivron rouge
4 gousses d'ail (1 cuil. à
soupe d'ail émincé surgelé)
1 oignon (150 g d'oignons
émincés surgelés)
3 feuilles de laurier
1 cuil. à soupe d'origan
30 cl de vin rouge
15 cl d'huile d'olive
+ 2 cuil. à soupe
1 cuil. à café de sel
1/2 cuil. à café de poivre
du moulin

Matériel
1 saladier, 6 brochettes,
1 plat à gratin

● Émincer l'oignon et l'ail. Déposer les morceaux d'agneau dans un saladier, verser le vin, 15 cl d'huile d'olive, ajouter le laurier, l'origan, l'oignon, l'ail, le sel et le poivre. Couvrir le saladier et laisser mariner 1 nuit au réfrigérateur.

● Le lendemain, allumer le gril du four.

● Laver les champignons, ôter les pieds et couper les têtes en gros dés.

● Laver, sécher le poivron. Retirer le pédoncule, les graines et les cloisons. Couper des carrés dans la chair.

● Égoutter les morceaux de viande et les embrocher en les alternant avec les morceaux de légumes. Disposer les brochettes dans un grand plat, arroser avec 2 cuil. à soupe d'huile d'olive et placer le plat sous le gril. Faire griller 15 min en retournant les brochettes régulièrement. À mi-cuisson, arroser les brochettes avec la marinade.

● Servir accompagné d'une salade de légumes croquants ou de frites de patates douces.

Variante

Brochettes de bœuf mariné. Remplacez l'agneau par des morceaux de rumsteak.

Calories : 400 kcal/pers

🍷 Côtes-de-beaune-
villages (Bourgogne),
rouge, servir à 17°

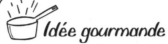 *Idée gourmande*
Faites mariner les morceaux de légumes dans un fond d'huile d'olive
relevée d'une pincée de piment de Cayenne.

Le conseil de Julie

Attention à ne pas placer les brochettes trop près du gril, elles risque-
raient de brûler.

Que faire des restes ?

Sauce « bolognaise ». Hacher la viande et les légumes, apportez-y un
pot de sauce tomate nature et faites chauffer le tout à feu doux. Vous
obtiendrez une délicieuse sauce dite « bolognaise ».

rôti de porc
aux pruneaux
et à la purée d'oignons

Attention ! le porc n'est pas une viande consensuelle. Renseignez-vous sur les goûts et les appartenances religieuses de vos amis avant de vous lancer dans la réalisation de cette recette, au demeurant tout à fait irrésistible.

Pour 4 personnes

Macération : 1 h 30
Préparation : 15 min
Cuisson : 1 h 10

Ingrédients
1 rôti de porc de 800 g
environ
25 pruneaux d'Agen
dénoyautés (250 à 300 g)
100 g de petits lardons
fumés
6 oignons
10 cl de cognac ou
d'armagnac
50 g de beurre
1 cube de bouillon ou 25 cl
de bouillon de viande
maison
Sel et poivre du moulin

Matériel
Ficelle, 1 cocotte avec
couvercle

Silence, on dore

● Faire tremper les pruneaux dans l'armagnac ou le cognac pendant 1 h 30.

● Éplucher et émincer les oignons. Chauffer le bouillon.

● Faire chauffer le beurre à feu moyen dans une cocotte, y faire dorer le rôti sur toutes ses faces, le retirer et le remplacer par les oignons. Laisser fondre pendant 5 min, ajouter les lardons et replacer le rôti. Verser le bouillon dans la cocotte. Saler légèrement et poivrer.

Un mitonnage en règle

● Couvrir et laisser cuire 45 min en retournant le rôti 3 ou 4 fois. Ajouter de l'eau en cours de cuisson si nécessaire.

● Ajouter les pruneaux avec leur jus de macération alcoolisé et poursuivre la cuisson à feu doux pendant 20 min, jusqu'à ce que la sauce ait épaissi.

● Retirer le rôti de la cocotte, le découper en tranches. Répartir la sauce et les pruneaux sur le plat de service et déposer les tranches de rôti dessus. Servir bien chaud.

Calories : 670 kcal/pers

Conservation
2 jours au réfrigérateur.
Peut être congelé.

 Corbières (Languedoc)
rouge, servir à 16°

Idée gourmande

Achetez un filet
de porc désossé
et farcissez-le de
quelques pruneaux
marinés avant de
le rouler et
de le ficeler.

● Accompagner ce rôti d'un mélange de riz blanc thaï et de riz sauvage ou d'une purée de pommes de terre.

Variante

Sans pruneaux, ce plat reste un délicieux **Rôti de porc aux oignons**.

Le conseil de Julie

– Demandez à votre boucher de désosser un carré pour en faire un rôti et conservez les os que vous ajouterez dans la cocotte pour en parfumer la sauce.
– Si vous n'avez pas le temps de faire mariner vos pruneaux, pas de panique ! S'ils sont bien moelleux, la différence ne se fera pas sentir. N'oubliez pas pour autant le cognac !
– Vous pouvez préparer ce plat à l'avance, même la veille, il est encore meilleur réchauffé.

Que faire des restes ?

Servez ce rôti froid, découpé en tranches et accompagné de sa purée d'oignons.

porc

travers de porc
caramélisés au gingembre

Les fameux spareribs, version exotique. Si vous n'appréciez pas la saveur un peu amère du gingembre, utilisez du gingembre en poudre, dont le goût est plus discret. Oubliez les couverts, faites un trait sur les baguettes, avec les doigts, c'est franchement meilleur.

Pour 4 personnes

Préparation : 10 min
Cuisson : 35 min

Ingrédients

1 kg à 1,5 kg de travers de porc (selon le poids des os) en 4 ou 8 morceaux
75 g de miel liquide
2 cuil. à soupe de concentré de tomate
60 g de racine de gingembre
2 cuil. à soupe de sauce de soja japonaise
2 cuil. à soupe de jus de citron
1 cuil. à soupe de sauce Worcester
5 gousses d'ail (1 cuil. à soupe d'ail émincé surgelé)
1 cuil. à soupe de romarin frais ou séché
5 cuil. à soupe d'huile d'olive
5 cuil. à soupe d'huile d'arachide

- Éplucher et hacher le gingembre. Dans un grand plat allant au four, mélanger le gingembre, le miel, le concentré de tomate, la sauce de soja, le jus de citron, la sauce Worcester, le romarin et l'huile d'olive.

- Préchauffer le four à 180 °C (th. 6).

- Éplucher les gousses d'ail et les couper en deux. Faire chauffer l'huile d'arachide dans une casserole ou 1 sauteuse. Faire revenir les travers avec l'ail pendant 5 min environ, à feu moyen.

- Lorsqu'ils sont bien dorés, les retirer ainsi que les gousses d'ail et verser le tout sur le mélange à base de miel. Mélanger pour que les travers soient bien enrobés et enfourner. Laisser cuire 30 min en les retournant de temps en temps.

- Servir les travers bien chauds, arrosés de leur sauce.

Variante

Blancs de poulet caramélisés au thym frais. Vous pouvez faire cuire ainsi des blancs de poulet. Vous pouvez également remplacer le romarin par du thym frais.

Sel et poivre du moulin

Matériel
Papier d'aluminium,
1 casserole, 1 hachoir ou
1 râpe, 1 plat allant au four

Calories : 620 kcal/pers

Conservation
Les travers peuvent être
conservés 48 h au
réfrigérateur. Réchauffez-les
à la casserole, à feu doux.

Côtes du rhône-villages
(vallée du Rhône)
rouge, servir à 15°

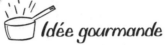

Idée gourmande

Accompagnez ce plat de pommes de terre en robe des champs
(cuites dans leur peau au four ou sous la braise dans du papier d'aluminium), agrémentées d'une crème fraîche à la ciboulette.

Le conseil de Julie

Pour des travers encore plus tendres, faites-les précuire 10 min dans une
casserole d'eau bouillante salée.

poulet

Curry de poulet
aux fruits

Je ne compte plus les dîners de copains organisés autour d'un curry. Quelques galettes indiennes en apéro, riz basmati et yaourt au concombre en accompagnement, puis une salade de fruits pour la note de fraîcheur finale. Après une série de currys approximatifs, cette recette me paraît être la plus équilibrée, entre la douceur des fruits et l'acidité du citron. Ne vous laissez pas impressionner par la liste des ingrédients, leur emploi est très facile et cela vous donnera l'occasion de vous constituer une bonne réserve d'épices.

Pour 6 personnes

Préparation : 10 min
Cuisson : 1 h

Ingrédients
1 poulet fermier d'1,8 kg
coupé en morceaux
2 oignons (300 g d'oignons
émincés surgelés)
2 gousses d'ail
(2 cuil. à café d'ail
émincé surgelé)
1 banane
1 grosse pomme
(sauf granny smith)
4 cuil. à soupe de pâte
de curry (120 g environ),
ou 2 cuil. à soupe de curry
en poudre
1 petit morceau
de gingembre

des cuisses bien dorées

● Chauffer le beurre dans la cocotte sur feu vif. Faire revenir les morceaux de poulet jusqu'à ce qu'ils soient dorés sur toutes leurs faces. Éplucher et émincer l'ail et les oignons, les mélanger au poulet et laisser rissoler pendant 5 min.

les fruits du succès

● Pendant ce temps, éplucher et couper en dés la pomme et la banane. Éplucher et râper le gingembre pour obtenir l'équivalent d'une cuil. à soupe rase. Râper la noix muscade.

● Ajouter le curry, la cannelle, la muscade, le cumin, le gingembre, le thym, le laurier et les fruits dans la cocotte. Faire rissoler le tout à feu moyen pendant 5 à 7 min en remuant souvent.

● Égoutter les tomates et les écraser à la fourchette (ou en les pressant à la main). Les verser sur le poulet, saler et ajouter 2 ou 3 cuil. à soupe d'eau chaude. Remuer et couvrir. Laisser mijoter 30 min en retournant les morceaux de poulet à mi-cuisson. Rajou-

1/2 cuil. à café de noix muscade râpée
1/2 cuil. à café de cannelle en poudre
1 cuil. à café de cumin en poudre
1 grosse boîte de tomates pelées au naturel
3 feuilles de laurier
3 branches de thym
30 g de beurre
1 citron (jus)
4 cuil. à soupe de crème fraîche (150 g environ)
Sel

Matériel
1 cocotte avec couvercle, 1 râpe, 1 ouvre-boîte

Calories : 366 kcal/pers

Conservation
48 h. Peut être congelé.

Petit-chablis (Bourgogne), servir à 8-10°

ter un peu d'eau si la sauce paraît trop sèche. Ôter le couvercle de la cocotte et laissez cuire 10 min pour que la sauce épaississe.

● Incorporer la crème fraîche et le jus du citron, bien mélanger et laisser cuire encore 5 min, à feu doux. Retirer le thym et le laurier avant de servir. Si vous accompagnez ce curry de concombre au yaourt, il n'est pas nécessaire de servir une entrée.

Variante

Pour un curry « régime », n'utilisez ni crème ni beurre mais 2 boîtes de tomates concassées.

Idée gourmande

Accompagnez de riz basmati, éventuellement aromatisé au safran. Présentez des amandes effilées dorées à la poêle, des pistaches et un bol de *Fraîcheur de concombre au yaourt* (p. 36).

Le conseil de Julie

Utilisez de préférence de la noix muscade entière que vous râperez au dernier moment.

poulet aux poivrons

Les grandes surfaces ont la déplorable habitude de nous proposer des sacs en plastique pour y enfermer les légumes avant de les peser. Osons le dire, c'est criminel ! Les poivrons, plus que tout autre légume, doivent s'épanouir librement dans votre bac à légumes pour ne pas perdre toutes leurs qualités nutritionnelles. Savez-vous qu'ils sont le remède infaillible contre les coups de mou ? Cent grammes de poivron suffisent à fournir la dose de vitamine C recommandée quotidiennement. Raison de plus pour en cuire une grande quantité et les conserver en bocal, dans l'huile d'olive. Ils réveilleront les pâtes, les salades, les omelettes, les sauces... et vous-même les lendemains de fête.

Pour 6 personnes

Préparation : 15 min
Cuisson : 1 h environ

Ingrédients
1 poulet fermier d'environ
1,7 kg coupé en
8 morceaux
4 poivrons rouges
1 poivron vert
(on peut remplacer les
poivrons frais par 500 g
de poivrons grillés surgelés)
2 oignons ou 300 g
d'oignons émincés surgelés
600 g de purée de tomates
en bocal
5 cuil. à soupe d'huile
d'olive

• Laver les poivrons, les couper en deux, retirer les cloisons intérieures et les graines et les tailler en petites lamelles. Peler et émincer très finement les oignons. Saler et poivrer les morceaux de poulet des deux côtés. Verser 1 verre d'eau dans une petite casserole, porter sur feu doux et y diluer la moitié d'un cube de bouillon.

• Dans une grande poêle, faire chauffer sur feu moyen le beurre et 2 cuil. à soupe d'huile d'olive. Déposer les morceaux de poulet côté peau en dessous jusqu'à ce qu'ils soient bien dorés (7 min environ). Retirer le poulet, vider la graisse de cuisson sans essuyer la poêle. Remettre la poêle sur feu doux, verser la purée de tomates, le bouillon encore chaud et les herbes de Provence. Couvrir et laisser mijoter 20 min en remuant de temps en temps.

• Pendant ce temps, faire chauffer 2 cuil. à soupe d'huile d'olive dans une grande poêle et y verser les poivrons. Saler et poivrer légèrement, remuer et laisser cuire sur feu doux 25 min en remuant souvent.

1 cuil. à café d'herbes
de Provence séchées
20 g de beurre
1 cuil. à soupe de sucre
en poudre
1/2 cube de bouillon
de volaille
1 cuil. à soupe de vinaigre
balsamique
Sel et poivre du moulin

Matériel
2 grandes poêles dont une
avec couvercle, 1 petite
casserole

Calories : 330 kcal/pers

Conservation
2 jours au réfrigérateur.
Servez froid ou réchauffez
légèrement à la poêle.

Côtes-du-roussillon-
villages (Roussillon),
servir à 15°

● Faire chauffer 1 cuil. à soupe d'huile d'olive dans une petite casserole. Ajouter les oignons et le sucre. Saler et laisser cuire 15 min sur feux doux jusqu'à ce qu'ils soient bien fondus. Lorsqu'ils sont cuits, les mélanger aux poivrons et maintenir au chaud sur feu très doux.

● À la fin de la cuisson du poulet, retirer le couvercle et verser le vinaigre balsamique tout en mélangeant avec une spatule. Augmenter légèrement le feu et laisser cuire encore 5 min pour que la sauce réduise.

● Servir le poulet arrosé de sa sauce, posé sur un lit de poivrons.

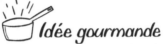

Idée gourmande

Avant de servir, saupoudrez les poivrons de feuilles d'estragon ciselées.

Le conseil de Julie

– Si vous achetez votre poulet en grande surface, évitez les morceaux prédécoupés qui sont de catégorie inférieure. Achetez-le entier en vérifiant qu'il porte bien la mention « fermier » et découpez-le chez vous.
– Pelez les poivrons. Si vous avez le temps, retirez la peau des poivrons avant de les faire cuire, le plat sera encore plus raffiné. Pour cela, passez-les sous le gril du four jusqu'à ce qu'ils noircissent, enfermez-les 15 min dans un sac en plastique, puis pelez-les.

Que faire des restes ?

Salade de pâtes au poulet et aux poivrons. Émincez la chair du poulet et mélangez-la, ainsi que les poivrons, à des pâtes au basilic.

poulet

fried chicken

Incontestablement le plat préféré des enfants lorsqu'il est servi avec des frites et une sauce barbecue (2 cuil. à soupe de moutarde, 4 de ketchup, 2 de sauce Worcester et une pincée de tabasco). Ne confondez pas : s'ils vous disent que c'est aussi bon qu'au fast-food, c'est un précieux compliment.

Pour 4 personnes

Préparation : 15 min
Cuisson : 25 min

Ingrédients
1,5 kg de morceaux
de poulet (ailes et pilons,
de préférence)
2 œufs
250 g de farine
2 cuil. à café de sel
1 cuil. à café de paprika
1/2 cuil. à café de poivre
fraîchement moulu
1 pincée de piment de
Cayenne en poudre
1 verre d'huile d'arachide
Persil plat (facultatif)

Matériel
1 saladier, 1 grande poêle,
papier absorbant

Calories : 500 kcal/pers

Conservation
24 h au réfrigérateur.
Réchauffez dans une poêle
sèche antiadhésive pendant
2 à 3 min.

● Battre les œufs dans une assiette creuse. Dans un saladier, mélanger la farine, le sel, le poivre, le paprika et le piment.

● Tremper les morceaux de poulet un à un dans l'œuf puis dans la farine assaisonnée. Les secouer pour ôter l'excès de farine.

● Dans une grande poêle, faire chauffer l'huile 1 min 30. Déposer les morceaux de poulet sans trop les serrer. Cuire les ailes 12 min, les retourner et laisser cuire 12 min supplémentaires (pour les pilons, compter 14 min sur chaque face).

● Les retirer de la poêle et les poser sur du papier absorbant. Servir immédiatement, éventuellement décoré de persil ciselé. À table, proposer de la moutarde, du ketchup et de la sauce piquante.

Variante

Si vous possédez une friteuse, n'hésitez pas à faire cuire votre poulet dedans plutôt qu'à la poêle.

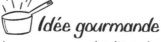

Idée gourmande

Accompagnez ce plat d'épis de maïs grillés ou de chips de navets : pelez les navets, coupez-les en fines rondelles et plongez-les 3 min dans un bain de friture, salez et servez bien chaud.

Anjou rouge
(vallée de la Loire),
servir à 13-15°

Le conseil de Julie

– Veillez à faire frire les morceaux de poulet sans attendre une fois qu'ils sont farinés afin d'éviter que la pâte ne ramollisse.
– Pour les enfants, coupez les ailes en deux au niveau de la jointure.

poulet grillé
aux épices et à l'origan

Un plat parfumé et plein de soleil qui s'accommode très bien d'une cuisson au barbecue. Variez les épices sans complexes et foncez sur le piment : plus ça arrache, meilleur c'est ! En accompagnement, jouez la légèreté en proposant un Taboulé aux herbes (p. 34).

Pour 4 personnes

Préparation : 10 min
Marinade : 1 h
Cuisson : 20 min

Ingrédients
1 poulet fermier de 1,5 kg environ
1 cuil. à café de paprika
1 cuil. à café d'origan
1 cuil. à café de cumin en poudre
1 pincée de piment de Cayenne
2 cuil. à soupe d'huile d'olive
1 cuil. à soupe de jus de citron
3 pincées de sel

Pour la sauce au curry
1 yaourt brassé
1 cuil. à soupe d'origan
1 cuil. à café de curry
1/2 cuil. à café de cumin en poudre
1 cuil. à café de jus de citron

● Poser le poulet sur une planche et le couper sur toute la longueur du ventre. Écarter les cuisses, le retourner et l'aplatir avec la paume de la main, ce qui lui donnera la forme d'un crapaud.

● Dans un bol, mélanger l'huile d'olive, le jus de citron, l'origan, le paprika, le cumin, le piment et le sel. Poser le poulet dans un plat et l'enduire côté peau de cette huile épicée. Couvrir de film alimentaire ou de papier d'aluminium et laisser mariner 1 h au moins à température ambiante.

● Allumer le gril du four. Disposer le poulet sur une grille à 15 cm du gril et placer la plaque du four en dessous pour recueillir le jus. Faire griller 10 min sur chaque face.

● Pendant ce temps, préparer la sauce en mélangeant tous les ingrédients et réserver au réfrigérateur.

● Découper le poulet et servir sans attendre avec la sauce au curry.

Variante

Pour une marinade moins épicée mais tout aussi savoureuse, mélangez le jus de 2 citrons, 2 gousses d'ail pilé, 1 cuil. à soupe d'origan et 1/2 verre d'huile d'olive.

Sel et poivre du moulin

Matériel
1 couteau très tranchant,
1 planche à découper,
film alimentaire ou papier
d'aluminium

Calories : 350 kcal/pers

Conservation
24 h au réfrigérateur.
Consommez froid ou faites
réchauffer à four doux.

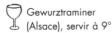 Gewurztraminer
(Alsace), servir à 9°

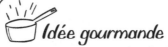 *Idée gourmande*

Accompagnez votre poulet de dés de courgettes sautés à l'huile d'olive, parsemés de coriandre fraîche.

Le conseil de Julie

Pour gagner du temps, demandez à votre volailler de préparer le poulet en « crapaudine ».

poulet
au confit de tomates
et aux amandes

Des morceaux de poulet confits dans une sauce tomate miellée et épicée : une petite merveille de simplicité à la hauteur des plats marocains les plus élaborés. Avantage de cette recette, elle s'adapte à toutes les situations : amoureux yeux-dans-les-yeux (2 cuisses de poulet suffisent), ou régiment affamé (comptez 2 ou 3 poulets).

Pour 4 personnes

Préparation : 5 min
Cuisson : 1 h

Ingrédients
1 poulet fermier d'1,6 kg
coupé en 8 morceaux
4 grosses boîtes de tomates
pelées au naturel
2 gros oignons (400 g
d'oignons émincés surgelés)
1 ou 2 doses de safran en
filaments (selon le goût et
les moyens)
5 cuil. à soupe de miel
liquide
1 cuil. à soupe de cannelle
en poudre
120 g d'amandes effilées
100 g de beurre
Sel et poivre du moulin

Matériel
1 ouvre-boîte, 1 cocotte ou

- Éplucher et émincer les oignons. Égoutter les tomates et les écraser à la fourchette ou entre les doigts. Réserver.

- Faire fondre le beurre dans une cocotte à feu vif. Faire dorer les morceaux de poulet sur toutes leurs faces (5 à 7 min). Baisser le feu, ajouter les oignons et laisser fondre 5 min en remuant souvent.

- Verser les tomates, le safran, la cannelle, saler et poivrer généreusement. Couvrir et laisser cuire 30 min à feu moyen. Remuer de temps en temps.

- Ôter les cuisses de la cocotte et les garder au chaud à four doux. Laisser réduire la sauce à feu assez vif 15 min environ. Elle doit épaissir sans attacher au fond de la cocotte.

- Pendant ce temps, faire dorer les amandes dans une poêle à feu vif. Remuer souvent pour éviter qu'elles ne brûlent.

- Verser le miel dans la cocotte. Mélanger soigneusement et replacer les morceaux de poulet dans la sauce. Retirer du feu, couvrir et laisser la viande se réchauffer 3 minutes. Servir les morceaux nappés de sauce et parsemés d'amandes dorées. Accompagner d'une graine de couscous.

1 grande casserole avec couvercle, 1 poêle

Calories : 580 kcal/pers

Conservation
24 h au réfrigérateur.

Bourgogne passe-tout-grain rouge, servir à 16°

Idée gourmande

Pour un plat plus relevé, ajoutez à la sauce un piment rouge frais ou séché, épépiné et finement haché.

Variante
Remplacez les amandes par des graines de **sésame**.

Le conseil de Julie
Ce plat nécessite une bonne dose de poivre mais évitez de l'acheter déjà moulu, il perd très vite son arôme.

Que faire des restes ?
Omelette au poulet. Hachez les restes de volaille, mélangez-les à la sauce tomate, ajoutez 6 œufs battus à la fourchette. Salez et poivrez. Faites chauffer 30 g de beurre dans une grande poêle. Versez-y la préparation. Laissez cuire 5 à 7 min.

pintade
caramélisée aux épices

Couverte de baies roses et de grains de poivre multicolores, cette pintade impressionne dès sa sortie du four. Gardez en tête la préparation au miel. Selon votre marché, vous l'utiliserez pour laquer un poulet, une canette ou, pourquoi pas, une épaule d'agneau.

Pour 4 personnes

Préparation : 10 min
Cuisson : 1 h environ

Ingrédients
1 pintade fermière coupée
en 8 morceaux
100 g de miel liquide
1 cuil. à soupe de
coriandre en grains
1 cuil. à soupe de grains
de poivre et baies mélangés
100 g de beurre
500 g de petites pommes
de terre (nouvelles ou
grenailles)
1/2 citron
Sel et poivre du moulin

Matériel
1 mortier, 1 plat allant au
four, 1 cocotte ou
1 sauteuse avec couvercle

Calories : 640 kcal/pers

Conservation
24 h au réfrigérateur.

● Préchauffer le four à 180 °C (th. 6). Concasser la coriandre et les poivres dans un mortier et les mélanger au miel. Badigeonner les morceaux de pintade de ce mélange (côté peau uniquement). Les disposer dans un plat à rôtir, répartir dessus 50 g de beurre en morceaux et enfourner. Laisser cuire 40 min environ en arrosant régulièrement les morceaux de leur jus de cuisson.

● Pendant ce temps, gratter, laver et sécher les pommes de terre. Faire chauffer 20 g de beurre dans une cocotte et faire sauter les pommes de terre 5 min à feu vif pour qu'elles soient dorées de tous les côtés. Baisser à feu doux, ajouter 30 g de beurre, saler, poivrer et couvrir. Laisser cuire 45 min en secouant de temps en temps la cocotte.

● Presser le jus du citron. Lorsque la pintade est cuite, placer les morceaux dans le plat de service, verser le jus de citron dans le plat de cuisson et gratter les résidus de cuisson avec une spatule.

● Disposer les pommes de terre autour de la pintade et arroser du jus de cuisson. Saler légèrement l'ensemble et servir immédiatement.

Variante

Poulet caramélisé aux épices et aux pommes. Remplacez la pintade par du poulet et les pommes de terre par des pommes fruits poêlées au beurre.

Pinot noir d'Alsace
rouge, servir à 13°

Le conseil de Julie

Si vous n'avez pas de mortier, placez les épices dans un bol et concassez-les avec le manche d'un couteau, ou encore placez-les dans le bol d'un mixeur et hachez-les très brièvement par à-coups (elles ne doivent pas être réduites en poudre).

paella
pour tout le monde !

Une paella pour 10 personnes prête en 1 h ! Un vrai défi, relevé grâce à cette recette où les surgelés et les conserves viennent vous donner un sérieux coup de main. Si vous avez le temps, vous pouvez évidemment privilégier les aliments du marché, mais la différence sera plus psychosociologique que gustative. Dernier conseil : ne vous lancez pas sans une très grande poêle, un wok ou une sauteuse bien profonde.

Pour 10 personnes

Préparation : 10 min
Cuisson : 50 min

Ingrédients
1 poulet fermier de 1,7 kg
environ coupé en
12 morceaux
700 g de riz grain long
300 g de chorizo
500 g de crevettes roses
cuites fraîches ou surgelées
1 litre de moules
400 g de blancs de
calmars coupés en anneaux
(400 g d'anneaux
de calmars surgelés)
400 g de petits pois
surgelés
2 poivrons rouges
en conserve à l'huile
600 g d'oignons émincés
frais ou surgelés

• Gratter les moules en les plongeant dans une grande quantité d'eau. Jeter celles qui sont ouvertes. Découper le chorizo en rondelles de 0,5 cm d'épaisseur. Égoutter les poivrons avant de les détailler en dés. Égoutter les tomates et les presser entre les doigts pour les réduire en purée.

• Verser 3 cuil. à soupe d'huile dans une cocotte ou une poêle. Faire chauffer et y jeter les morceaux de poulet, saler et poivrer légèrement. Laisser dorer à feu moyen pendant 10 min environ, puis ajouter le chorizo. Couvrir et laisser cuire 10 min à feu doux. Réserver.

• Faire chauffer de l'eau (une fois et demie le volume du riz) dans une casserole avec un cube de bouillon.

• Verser le reste de l'huile dans le grand poêlon à paella et y faire rissoler les poivrons, les anneaux de calmars et les oignons sur feu moyen. Remuer et laisser cuire 10 min sur feu moyen.

• Ajouter le riz cru, l'ail et le piment. Mélanger pendant 5 min jusqu'à ce que le riz devienne translucide. Ajouter le poulet, le chorizo et le jus de cuisson, la purée de tomates et les petits pois. Verser le safran en poudre ou en filaments dans le bouillon avant

3 gousses d'ail (1 cuil. à
soupe d'ail émincé surgelé)
1 grosse boîte de tomates
pelées en conserve
3 doses de safran
(ou 2 pincées de filaments)
2 pincées de piment
de Cayenne
1 cube de bouillon
de volaille
10 cuil. à soupe d'huile
d'olive
Sel et poivre du moulin

Matériel
1 cocotte ou 1 poêle,
1 casserole, 1 grand
poêlon (ou une sauteuse,
ou un wok antiadhésif)

Calories : 750 kcal/pers

Conservation
2 jours au réfrigérateur.
Peut être congelé.
Réchauffez à la poêle à feu
moyen ou au four, couvert
d'un papier d'aluminium.

Collioure rosé
(Roussillon),
servir à 11°

de le verser sur le riz. Mélanger bien et porter à ébullition. Laisser mijoter 20 min environ à feu doux ou jusqu'à ce que le riz ait absorbé tout le bouillon.

● 5 min avant la fin de la cuisson, enfoncer les moules et les crevettes dans le riz. Servir bien chaud, directement dans le plat de cuisson.

Variante

Composez votre paella selon vos envies et ce que vous avez dans votre réfrigérateur : faites rissoler des dés d'échine de porc en même temps que le chorizo, remplacez les crevettes par des langoustines ou des gambas, les moules par des palourdes ou des coques, les petits pois par des haricots verts coupés en morceaux. Vous pouvez aussi ajouter du jambon cru, des fonds d'artichauts surgelés ou des morceaux de lapin.

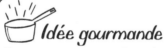

Idée gourmande

Si vous en trouvez, remplacez le safran en poudre par des filaments (c'est nettement plus aromatique).

Le conseil de Julie

Grattez régulièrement le riz au fond du plat avec une spatule pour éviter qu'il ne brûle mais évitez de remuer.

lapin confit
au four

Je ne suis pas une fan du lapin, j'avoue cette faille gustative. Mais c'est poussée par la curiosité autant que par la culpabilité que je me suis risquée à cette vieille recette italienne, devenue aujourd'hui un de mes classiques ! Habituellement cuisiné en gibelotte ou à la moutarde, le lapin est ici immergé dans le vin blanc et lentement cuit au four. On obtient une chair dorée et confite, légèrement sucrée, d'une consistance proche de celle de l'agneau de 7 heures. Qui a dit que le lapin était gélatineux ? Ne craignez pas le temps de cuisson, cette recette est très simple à réaliser et nécessite seulement d'y jeter un œil toutes les 45 min.

Pour 4 personnes

Préparation : 10 min
Cuisson : 3 h

Ingrédients

1 lapin fermier coupé en morceaux, avec son foie
1 bouteille de vin blanc sec
1/2 verre de vinaigre balsamique
200 g de beurre
3 gousses d'ail (1 cuil. à soupe d'ail émincé surgelé)
4 brins de romarin (2 cuil. à soupe de romarin séché)
Sel et poivre du moulin

Matériel

1 grand plat allant au four

● Préchauffer le four à 170 °C (th. 5-6). Laver les morceaux de lapin sous l'eau froide et les sécher. Éplucher l'ail, effeuiller le romarin, hachez-les ensemble au couteau (ou au hachoir). Enrober les morceaux du hachis, saler, poivrer et les disposer dans un plat allant au four. Arroser avec le vinaigre balsamique, puis verser le vin blanc à niveau. Parsemer de beurre coupé en dés.

● Enfourner et laissez cuire 3 h, en retournant les morceaux quatre à cinq fois pour qu'ils ne se dessèchent pas. Veiller à ce qu'il reste un fond de jus au terme de la cuisson (sinon, rajouter un peu de vin blanc en cours de cuisson).

● Sortir le plat du four et dégraisser la sauce en retirant la matière grasse qui remonte à la surface. Disposer les morceaux de lapin sur un plat de service, napper de sauce.

Calories : 450 kcal/pers

Conservation

2 jours. Peut être congelé.

Pouilly-fuissé
(Bourgogne), blanc,
servir à 9°

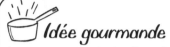

Idée gourmande

Accompagnez ce lapin d'une *Purée à l'huile d'olive* (p. 190) ou d'une salade verte au vinaigre balsamique et au parmesan.

Le conseil de Julie

– Pour servir, maniez les morceaux de lapin avec précaution car la chair se défait facilement.

Que faire des restes ?

Hachis Parmentier au lapin. Avec les restes, préparez un hachis Parmentier raffiné : effeuillez la chair du lapin et arrosez d'un peu de sauce. Dans un plat à gratin beurré, étalez la chair de lapin, recouvrez d'une couche de purée à l'huile d'olive (p. 190), puis de gruyère râpé. Faites gratiner à four chaud pendant 10 min.

Cailles
aux quarante gousses d'ail

Rassurez-vous, les gousses d'ail cuisent doucement dans leur enveloppe et perdent ainsi leur amertume pour ne garder que leur parfum. Un plat raffiné que vous pouvez sans crainte partager avec l'élu de votre cœur (évitez tout de même le premier dîner, pour l'effet psychologique).

Pour 4 personnes

Préparation : 25 min
Cuisson : 40 min

Ingrédients
8 cailles entourées de fines tranches de lard (demandez à votre volailler de les préparer)
40 gousses d'ail
1 carotte
2 échalotes (200 g d'échalotes émincées surgelées)
10 cl de vin blanc sec
15 cl de bouillon de volaille (fait avec un cube)
100 g de beurre
Sel et poivre

Matériel
1 cocotte, 1 plat à four, papier d'aluminium, 1 petite casserole, 1 chinois

Calories : 500 kcal/pers

● Préchauffer le four à 210 °C (th. 7). Détacher les gousses d'ail sans les peler. Faire chauffer 40 g de beurre dans une cocotte et faire revenir les gousses pendant 3 min. Couvrir et laisser confire 20 min à feu doux. Secouer de temps en temps la cocotte sans l'ouvrir.

● Disposer les cailles lardées dans un plat allant au four. Verser autour les gousses d'ail et leur beurre de cuisson. Enfourner et laissez cuire 15 min.

● Pendant ce temps, éplucher et découper la carotte et les échalotes en petits dés.

● Retirer les cailles et l'ail du plat, les déposer sur le plat de service et maintenir au chaud à four doux, 150 °C (th. 5). Porter le plat sur le feu et y faire revenir carotte et échalotes pendant 5 min. Chauffer le bouillon de volaille. Déglacer avec le vin blanc et le bouillon chaud. Laisser réduire le jus de moitié et filtrer le contenu du plat à travers une passoire au-dessus d'une petite casserole. Replacer les légumes émincés dans le plat, disposer les cailles et l'ail dessus (réserver 10 gousses) et enfourner de nouveau.

● Placer le chinois au-dessus de la casserole de sauce et presser les gousses d'ail réservées avec le dos d'une cuillère pour en extraire la pulpe. Porter à ébullition. Retirer du feu et incorporer

Conservation
2 jours au réfrigérateur.
Peut être congelé.

Margaux (Bordelais),
servir à 18°

le reste du beurre en remuant. Rectifier l'assaisonnement. Servir les cailles avec les légumes et la sauce à part.

 **Idée gourmande**

Présentez les cailles sur des tranches de pain de mie brioché, légèrement poêlées au beurre, et accompagnez-les d'une poêlée de jeunes légumes ou de *Semoule aux petits légumes* (p. 177).

Le conseil de Julie

Pour les petits appétits, ou si vous avez prévu un dîner pantagruélique, comptez une caille par personne.

parmentier
de canard

Le problème avec le hachis Parmentier, c'est qu'on n'ose jamais le préparer pour un dîner d'amis, même si tout le monde en raffole… Le côté cantine, sans doute. Plus de complexe avec cette version chic et raffinée.
Ne jetez pas la graisse du confit. Conservez-la dans un bol au réfrigérateur, et osez les frites à la graisse de canard et au gros sel. Un grand moment !

Pour 6 personnes

Préparation : 10 min
Cuisson : 40 min environ

Ingrédients

1,5 kg de pommes de terre (bintje)
4 cuisses de canard confites
25 cl de lait
1 gousse d'ail
(1 cuil. à café d'ail émincé surgelé)
110 g de beurre
180 g de gruyère râpé
5 brins de persil plat
(2 cuil. à soupe de persil ciselé surgelé)
70 g de chapelure
Sel et poivre du moulin

Matériel

1 couteau économe,
1 grande casserole,

● Porter à ébullition une grande casserole d'eau salée. Éplucher les pommes de terre, les couper en cubes et les faire cuire 20 min dans l'eau bouillante.

● Préchauffer le four à 210 °C (th. 7). Placer les cuisses entières dans un plat à gratin. Enfourner et laisser chauffer 10 min. Ôter la peau des cuisses et les désosser. Placer les chairs dans un saladier. Recueillir la graisse fondue dans le plat (ne pas le nettoyer).

● Effilocher la chair des cuisses de canard avec les doigts. Peler et hacher la gousse d'ail. Laver, sécher et ciseler le persil et le mélanger, ainsi que l'ail à la chair de canard. Verser dans le plat et le remettre au four 5 min.

● Vérifier la cuisson des pommes de terre avec la pointe d'un couteau, elle doit s'y enfoncer sans résistance. Les égoutter et les écraser à la fourchette ou au presse-purée et les remettre dans la casserole. Sur feu très doux, ajouter le lait en mélangeant, avec 60 g de beurre et 100 g de gruyère râpé. Poivrer et saler légèrement.

● Étaler la moitié de la purée dans le fond du moule. Couvrir de la farce au canard et terminer par le reste de purée. Parsemer du

1 plat à gratin, 1 saladier, 1 presse-purée (facultatif)

Calories : 750 kcal/pers

Conservation
2 jours au réfrigérateur. Réchauffez 10 min à four chaud. Peut être congelé cru. Il est préférable de le faire décongeler avant de le cuire comme il est indiqué dans la recette.

 Madiran (Sud-Ouest), servir à 16°

fromage râpé restant, déposer 50 g de beurre en morceaux et couvrir de chapelure.

● Faites cuire 15 min. À la fin de la cuisson, passer ce hachis 3 min sous le gril pour faire dorer la croûte.

Variante

Utilisez des restes de canard rôti ou braisé et procédez de la même façon.

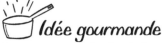 *Idée gourmande*

Agrémentez votre hachis de lamelles de truffe ou de cèpes sautés à la graisse de canard.

Le conseil de Julie

Gardez les peaux de canard et faites-les sécher au four avant de les ajouter à une salade frisée bien relevée au vinaigre à l'échalote.

Canard
aux deux olives

Préparez-vous aux plaisanteries faciles, (« deux olives pour quatre, ça fait pas lourd par personne ») et restez imperturbable face à l'attaque. Une fois le mets humé, l'humeur ne sera plus aux ricanements.

Pour 4 personnes

Préparation : 10 min
Cuisson : 1 h 15

Ingrédients
1 canard de 2 kg environ
une fois vidé
100 g d'olives noires
dénoyautées
150 g d'olives vertes
dénoyautées
1 carotte
3 échalotes (300 g
d'échalotes émincées
surgelées)
2 gousses d'ail
(2 cuil. à café d'ail
émincé surgelé)
1 verre de vin blanc (20 cl
environ)
1 cube de bouillon de
volaille
2 cuil. à soupe d'huile
d'olive
Sel et poivre du moulin

Matériel
1 cocotte avec couvercle,
1 casserole

• Verser l'huile d'olive dans une cocotte. Faire dorer le canard à feu moyen sur toutes ses faces pendant 15 min.

• Pendant ce temps, éplucher et émincer les gousses d'ail et les échalotes. Gratter et couper la carotte en rondelles. Diluer le cube de bouillon dans 20 cl d'eau bouillante et porter à ébullition. Faire cuire toutes les olives 3 min dans le bouillon et les retirer à l'écumoire.

• Retirer le canard et le remplacer par l'ail, les échalotes et la carotte. Laisser fondre 5 min en remuant souvent. Poser le canard sur les légumes, verser le vin blanc et le bouillon.

• Saler et poivrer, couvrir et laisser cuire doucement pendant 1 h. Ajouter les olives à mi-cuisson. Couper le canard, servir sur les légumes, entouré des olives.

Variante

Canard au citron confit et aux olives vertes. Remplacez les olives noires par des citrons confits coupés en quartiers.

Idée gourmande
Servez accompagné d'une tapenade aux olives noires et de pommes de terre cuites à l'étouffée (en cocotte ou en robe des champs).

Calories : 450 kcal/pers

Conservation
2 jours au réfrigérateur.

Côtes-du-rhône-villages
(vallée du Rhône)
rouge, servir à 15°

Le conseil de Julie

Coupez les cuisses du canard et faites-les recuire quelques minutes dans la cocotte.

Que faire des restes ?

S'il vous reste de la sauce, mélangez-la à un coulis de tomate, faites réchauffer à feu doux et nappez-en un plat de pâtes fraîches.

faisan farci
aux pommes

Profitez de la courte saison de la chasse pour préparer ce plat léger et raffiné. Un conseil : avant de vous lancer, assurez-vous que vos invités apprécient la saveur soutenue du gibier et qu'ils ne vous feront pas passez pour l'ennemi des animaux (ça casse l'ambiance).

Pour 4 personnes

Préparation : 30 min
Cuisson : 45 min

Ingrédients
1 beau faisan avec son foie
à part
5 pommes golden ou
jonagold
1 petit-suisse ou 2 cuil. à
soupe de crème fraîche
1 œuf
1 échalote (100 g
d'échalotes émincées
surgelées)
1/2 bouquet de persil plat
(3 cuil. à soupe de persil
ciselé surgelé)
3 cuil. à soupe
de calvados
50 g de beurre
20 g de sucre
1 pincée de cannelle
(facultatif)
Sel et poivre du moulin

• Mixer ensemble le foie du faisan, le petit-suisse ou la crème, l'œuf, l'échalote pelée et coupée en quatre, le persil, 1 cuil. à soupe de calvados et 1 pomme pelée et coupée en morceaux. Saler, poivrer et farcir le faisan avec le mélange.

• Préchauffer le four à 180 °C (th. 6). Chauffer 20 g de beurre dans une cocotte. Faire dorer le faisan de tous les côtés, à feu moyen. Couvrir et laisser cuire 5 min.

• Poser le faisan sur un plat et le parsemer de 30 g de beurre en morceaux. Réserver la cocotte sans la laver. Enfourner et faire cuire pendant 45 min. Arroser régulièrement le faisan de son jus de cuisson.

• Couper 4 pommes en quartiers, les épépiner et ne pas les peler, les disposer au fond de la cocotte et les parsemer d'une pincée de cannelle et de 20 g de sucre. Laisser cuire à feu doux, en les retournant de temps en temps.

• Quelques minutes avant de servir, arroser du reste de calvados, saler, poivrer et couvrir d'une feuille d'aluminium et laisser reposer 5 min.

• Découper le faisan dans son plat de cuisson pour en recueillir tout le jus. Servir avec les pommes et la farce.

Matériel
1 mixeur, 1 cocotte, 1 plat allant au four, papier d'aluminium

Calories : 430 kcal/pers

Conservation
Ce plat se réchauffe très bien, conservez-le dans la cocotte au réfrigérateur.

 Pomerol (Bordelais), servir à 18°

Variante

Pintade farcie aux pommes. Remplacez le faisan par une pintade fermière.

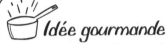 **Idée gourmande**
Ajoutez 20 g de noix hachées dans la farce.

Le conseil de Julie

Il se peut que les cuisses du faisan ne soient pas tout à fait cuites à la sortie du four ; dans ce cas, découpez-les et remettez-les au four 5 min pendant que vous préparez les assiettes.

foie gras frais
poêlé aux granny smith

Un plat casse-tirelire, terriblement simple à préparer. N'achetez pas votre foie au hasard, il doit être lisse, brillant, jaune ou beige rosé et sans trace de fiel. Fiez-vous aux conseils de votre volailler.

Pour 4 personnes

Préparation : 10 min
Cuisson : 12 min

Ingrédients
500 g de foie gras frais
4 pommes granny smith
30 g de beurre
5 cuil. à soupe de calvados
Sel (de Guérande, si possible)
et poivre du moulin

Matériel
1 grande poêle

Calories : 580 kcal/pers

Conservation
Le foie gras frais doit être consommé tout de suite, ne le laissez pas attendre au réfrigérateur.

Coteaux-du-layon
(Anjou-Saumur)
moelleux, servir à 9°

• Laver les pommes et les couper en quartiers. Retirer les pépins et recouper les quartiers en deux dans la longueur sans les peler. Couper le foie en 4 tranches épaisses, les saler légèrement (au sel de Guérande, si possible).

• Faire chauffer le beurre dans une grande poêle et cuire les pommes 5 min de chaque côté à feu moyen, jusqu'à ce qu'elles soient bien dorées. Les retirer, les disposer dans les assiettes préchauffées et les poivrer légèrement.

• Essuyer la poêle avec un papier absorbant et la faire chauffer à feu vif. Poêler les escalopes de foie gras 1 min sur chaque face. Les retirer et les placer dans les assiettes. Verser le calvados dans la poêle, saler, poivrer et porter à ébullition. Couper le feu et verser sur les pommes. Servir immédiatement.

Variante

Foie gras poêlé aux mandarines. Remplacez le calvados par du porto et les pommes par des quartiers de mandarines pelées.

Idée gourmande

Grillez et hachez des tranches de pain d'épices. Enrobez les escalopes de foie gras de cette chapelure originale avant de les poêler.

semoule
aux petits légumes

Une semoule aux couleurs de la Provence. Variez les couleurs et les saveurs… Tous les légumes sont prêts à se rouler dans la semoule !

Pour 4 personnes

Préparation : 15 min
Cuisson : 10 min environ

Ingrédients
200 g de semoule de blé dur, granulation moyenne
4 tomates
1 poivron jaune ou rouge (150 g de poivrons en dés surgelés)
1 petite courgette
3 cuil. à soupe d'huile d'olive
1 gousse d'ail (1 cuil. à café d'ail émincé surgelé)
3 brins de basilic (1 cuil. à soupe de basilic ciselé surgelé)
1 pincée de piment de Cayenne en poudre
Sel

Matériel
1 casserole, 1 sauteuse ou 1 grande poêle

Calories: 300 kcal/pers

Coteaux-du-lyonnais rouge, servir à 14°

● Faire cuire la semoule selon les instructions indiquées sur le paquet.

● Pendant ce temps, plonger les tomates 15 s dans l'eau bouillante, puis les éplucher, les épépiner et les concasser en petits dés. Laver et sécher le poivron et la courgette et les couper en petits dés également. Éplucher et hacher finement la gousse d'ail.

● Faire chauffer l'huile dans une sauteuse. Faire cuire les légumes 10 min à feu moyen en remuant souvent. Ajouter l'ail à mi-cuisson. Laver, sécher et ciseler les feuilles de basilic.

● Dans la poêle, verser la semoule sur les légumes. Ajouter le piment, saler et mélanger sur feu doux pendant 1 min. Parsemer de basilic et servir bien chaud avec une volaille rôtie ou un poisson cuit au four.

Le conseil de Julie

– Parsemez cette semoule de pignons dorés à la poêle.
– Cette semoule peut être consommée froide, comme un taboulé. Dans ce cas, ajoutez un filet de jus de citron ou de vinaigre balsamique.

Variante

Semoule au jambon cru et aux petits légumes. Coupez une tranche épaisse de jambon cru en petits dés et ajoutez-les au dernier moment à la préparation. Vous aurez alors un plat complet, original et coloré.

tomates
à la provençale

Elles accompagnent aussi bien les viandes que les poissons et donnent tout de suite à vos dîners un petit côté « restaurant ». Ne choisissez pas vos tomates avec des moufles : elles ne doivent être ni trop grosses (trop de pépins), ni trop fermes (acides), ni trop molles (farineuses). Bref, mieux vaut filer directement chez un bon primeurs plutôt que de risquer une grimace sceptique au supermarché.

Pour 4 personnes

Préparation : 15 min
Cuisson : 20 min

Ingrédients

6 tomates moyennes plutôt fermes
1/2 bouquet de persil plat (3 cuil. à soupe de persil ciselé surgelé)
30 g de chapelure
2 gousses d'ail (2 cuil. à café d'ail émincé surgelé)
3 cuil. à soupe d'huile d'olive
Sel et poivre du moulin

Matériel

1 plat allant au four

Calories : 150 kcal/pers

Côtes-du-ventoux rouge (vallée du Rhône), servir à 15°

- Préchauffer le four à 180 °C (th. 6). Laver, sécher, effeuiller et ciseler le persil. Éplucher et hacher très finement l'ail au couteau.

- Verser la chapelure dans un bol. Ajouter le persil ciselé et l'ail émincé, saler et poivrer généreusement. Mélanger soigneusement.

- Laver les tomates, retirer le pédoncule (la partie verte) sans creuser la chair trop profondément. Les couper en deux et les déposer dans un grand plat allant au four côté peau dessous. Répartir sur chaque moitié le mélange persillé. Verser l'huile d'olive sur les tomates et enfourner. Laisser cuire 15 min, puis augmenter le four à 210 °C (th. 7) et laisser cuire 5 min supplémentaires. Servir bien chaud. Accompagne les viandes, les volailles ou les poissons cuits à sec (rôtis ou poêlés).

Variante

Tomates poêlées en persillade. Si vous n'avez pas de four, vous pouvez cuire ces tomates à la poêle. Saisissez-les 3 min à feu vif côté chair, saupoudrer de persillade (ail haché et persil ciselé, nature ou mélangés à un peu de chapelure) et laissez cuire 15 min en couvrant.

Idée gourmande

Saupoudrez
vos tomates de deux
ou trois pincées
de sucre en poudre
avant de
les enfourner.

Le conseil de Julie

– Si vous ne trouvez que des grosses tomates, videz une partie des pépins avant la cuisson pour qu'elles ne dégagent trop d'eau à la cuisson.

– Pour ciseler le persil rapidement, utilisez la technique du verre (voir *Taboulé aux herbes*, p. 34).

Que faire des restes ?

Sauce tomate persillée. Retirez la peau des tomates et concassez-les avec leur persillade. Vous obtiendrez une délicieuse sauce tomate qu'il vous suffira de réchauffer à feu doux.

gratin d'aubergines
au parmesan

Végétarien ou farci à la viande, ce gratin fait à chaque coup l'unanimité. Si vous ne maîtrisez pas la cuisson des aubergines, achetez-les surgelées, prétranchées et déjà grillées. Vous gagnerez du temps tout en évitant l'effet « éponge à huile ». Encore un basique dont mon congélateur ne se départ jamais.

Pour 6 personnes

Préparation : 20 min
Cuisson : 45 min

Ingrédients

1 kg d'aubergines
6 tomates
(2 grosses boîtes de tomates
pelées au naturel)
1 gros oignon (200 g
d'oignons émincés surgelés)
2 gousses d'ail (2 cuil.
à café d'ail surgelé)
1 sucre
9 cuil. à soupe d'huile
d'olive
100 g de parmesan
2 brins de thym
2 feuilles de laurier
Sel et poivre du moulin

Matériel

1 poêle, 1 plat à gratin,
1 râpe

Calories : 300 kcal/pers

faites-le à votre sauce

● Laver les tomates et les couper en dés. Éplucher et émincer l'oignon et l'ail. Faire chauffer 4 cuil. à soupe d'huile d'olive dans une poêle et y faire fondre 2 min l'oignon et l'ail. Ajouter les tomates, les feuilles de laurier, le thym et le sucre, saler et poivrer, mélanger et laisser mijoter à feu doux pendant 30 min environ.

méfiez-vous des aubergines

● Pendant ce temps, allumer le gril du four, laver les aubergines et les couper en tranches d'1 cm dans la longueur. Badigeonner les tranches de 4 cuil. à soupe d'huile d'olive, saler et poivrer et enfourner. Les déposer sur la plaque du four préalablement huilée et laisser griller 5 min sur chaque face (attention, elles ne doivent pas brûler !).

● Préchauffer le four à 180 °C (th. 6). Retirer le laurier de la sauce tomate. Râper le parmesan. Dans un plat à gratin, superposer les couches d'aubergines et de sauce tomate en alternant jusqu'à épuisement des ingrédients. Parsemer de parmesan râpé et arroser d'1 cuil. à soupe d'huile d'olive.

invitez le gratin à votre table

● Enfourner et laisser cuire 10 min. Augmenter le four à 240 °C (th. 8) et laisser cuire encore 5 min. Servir bien chaud.

• Inévitable partenaire de l'épaule d'agneau. À servir aussi avec une côte de bœuf ou un poulet rôti.

Variante

Pour donner à votre gratin un côté Sud-Ouest, remplacez le parmesan par une persillade (ail haché et persil ciselé) mélangée à de la chapelure.

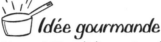

Idée gourmande

Ajoutez 100 g d'olives noires de Nice finement hachées entre les couches d'aubergines et de tomates.

Le conseil de Julie

– Choisissez des aubergines de petite taille, moins amères que les grosses.
– Pour éviter d'avoir à griller les aubergines, vous pouvez acheter 800 g d'aubergines grillées surgelées.

Cèpes
à l'ail et au persil

Les amateurs de cèpes se divisent en deux camps : ceux qui prônent l'alliance avec l'ail et ceux qui ne jurent que par l'échalote, mais tout le monde s'accorde à dire que la meilleure préparation reste toujours la plus simple. Personnellement, je considère que quelques gousses subliment la saveur boisée de ces champignons, à condition de ne pas y mettre la tête.

Pour 4 personnes

Préparation : 15 min
Cuisson : 10 min

Ingrédients
750 g de cèpes frais ou surgelés (à défaut, en boîte)
4 cuil. à soupe d'huile d'olive
2 gousses d'ail
1/2 bouquet de persil plat (3 cuil. à soupe de persil ciselé surgelé)
3 cuil. à soupe de chapelure (40 g environ)
Sel et poivre du moulin

Matériel
1 hachoir (facultatif),
1 grande poêle antiadhésive

Calories : 180 kcal/pers

● Laver, sécher et effeuiller le persil. Détacher la tête des cèpes de leur pied. Nettoyer les têtes en frottant délicatement avec un torchon. Gratter les pieds avec la lame d'un couteau pour en retirer la terre. Couper les pieds en deux dans la longueur et détailler les têtes et la moitié des pieds en lamelles d'1 cm d'épaisseur. Réserver.

● Hacher (au hachoir ou, à défaut, au couteau) le reste des pieds avec le persil et les gousses d'ail pelées. Ajouter la chapelure et mélanger.

● Faire chauffer l'huile dans une grande poêle à feu moyen. Déposer les lamelles de cèpes bien à plat et laisser cuire 3 min de chaque côté. Si elles ne colorent pas assez vite, augmenter le feu. Ajouter ensuite le hachis, mélanger et laisser cuire 3 min.

● Servir bien chaud, en accompagnement d'une viande ou d'une volaille rôties.

Variante

Cèpes aux noisettes, à l'ail et au persil. Remplacez la chapelure par 2 cuil. à soupe de noisettes finement concassées.

Conservation

Crus, les cèpes se conservent 2 jours au réfrigérateur entourés d'un linge ou dans un sac en papier (toujours tête en bas pour faire déguerpir les vers). Ainsi cuisinés, les cèpes peuvent être réchauffés à la poêle le lendemain.

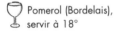 Pomerol (Bordelais), servir à 18°

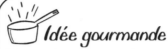 *Idée gourmande*

Déposez les cèpes sur des tranches de pain brioché toastées et légèrement beurrées. Servez en entrée, arrosées de quelques gouttes de jus de citron et accompagnées d'une salade d'herbes fraîches.

Le conseil de Julie

Choisissez des cèpes de petite taille (ils sont plus savoureux) et pas trop sales car il est fortement déconseillé de les laver à l'eau.

poêlée de pleurotes
au cerfeuil

On trouve des pleurotes toute l'année sur les étals des marchés, mais c'est en automne et en hiver qu'ils sont le plus savoureux. Ils ont une qualité inestimable pour les paresseux (je sais de quoi je parle) : ils sont rarement très sales et il suffit de les épousseter d'un coup de chiffon.

Pour 4 personnes

Préparation : 10 min
Cuisson : 5 min

Ingrédients
500 g de pleurotes (500 g de pleurotes en bocal égouttés)
25 g de beurre
1 cuil. à soupe d'huile d'olive
1 gousse d'ail (1 cuil. à café d'ail émincé surgelé)
1 bouquet de cerfeuil (4 cuil. à soupe de cerfeuil ciselé surgelé)
Sel et poivre du moulin

Matériel
1 grande poêle

Calories : 110 kcal/pers

Conservation
24 h au réfrigérateur.

Bergerac rouge (Sud-Ouest), servir à 16°

● Essuyer les corolles des pleurotes avec un petit chiffon. Couper les plus gros en deux. Éplucher et émincer la gousse d'ail. Laver, sécher et ciseler grossièrement le cerfeuil.

● Dans une grande poêle, faire chauffer le beurre et l'huile d'olive à feu assez vif. Jeter les champignons et les faire sauter 2 min sur feu vif en remuant souvent. Réduire légèrement la puissance du feu, ajouter l'ail et laisser cuire encore 3 min. Retirer la poêle du feu, saler, poivrer et ajouter le cerfeuil. Servir immédiatement, en accompagnement d'une viande poêlée, d'une côte de bœuf grillée ou d'une omelette.

Variante

Poêlée de pleurottes au basilic. Remplacez le cerfeuil par 1/2 bouquet de basilic.

Le conseil de Julie

Choisissez des pleurotes plutôt jeunes (de petite taille), sans taches et avec les bords intacts.

Que faire des restes ?

Faites-les revenir à la poêle 1 min à feu vif et ajoutez-les à une salade de cresson aux magrets de canard.

Carpaccio
de champignons à l'huile de noix

Il n'y a pas que le bœuf qui se taille en carpaccio. Poissons, légumes nouveaux, fromages, tout est bon tant que la coupe est fine et l'assaisonnement approprié. Ici j'ai choisi l'huile de noix qui fait merveille pour relever la saveur délicate des champignons de Paris. Et n'oubliez pas que votre plat se prépare dès le marché, les champignons de Paris se divisent en deux catégories : les blancs, fades comme mauvais gruyère et les plus foncés, savoureux comme un beaufort bien affiné. À vous de choisir.

Pour 4 personnes

Préparation : 10 min

Ingrédients
600 g de champignons de Paris
4 cuil. à soupe d'huile de noix
1 cuil. à soupe de vinaigre de cidre
2 citrons
1/2 bouquet de ciboulette
30 g de cerneaux de noix
Sel et poivre

Matériel
1 grand plat sans rebords,
1 couteau tranchant à lame fine

Calories : 187 kcal/pers

Arbois (Jura),
chardonnay,
servir à 8-10°

• Nettoyer les champignons en les frottant avec un torchon humide et couper le bout terreux des pieds. Presser le jus des citrons. Préparer la vinaigrette en mélangeant le vinaigre de cidre et l'huile de noix.

• Couper les champignons en lamelles de 5 mm d'épaisseur et les citronner au fur et à mesure. Saler et poivrer légèrement. Arroser de vinaigrette et saupoudrer du hachis de ciboulette et de noix. Servir immédiatement.

Variante

Si vous voulez faire de votre dîner un moment inoubliable, remplacez les champignons de Paris par des cèpes et quelques lamelles de truffes.

Le conseil de Julie

Pour trancher vos champignons plus facilement, entreposez-les 30 min au congélateur.

épinards
au vinaigre balsamique

*Les épinards nourrissent rarement l'imagination des cuisiniers.
À la crème ou au beurre, hachés ou en branches, les restaurants
de l'Hexagone proposent un choix plutôt limité. Cette recette
d'inspiration italienne propose une version acidulée de cette sage
verdure. Idéale pour accompagner un poisson grillé, tenir compagnie
à une entrecôte ou encore épauler un gigot rôti badigeonné de miel.*

Pour 4 personnes

Préparation : 10 min
Cuisson : 10 min

Ingrédients
1,5 kg d'épinards (1 kg
d'épinards en branches
surgelés)
1 oignon (150 g d'oignons
émincés surgelés)
3 cuil. à soupe d'huile
d'olive
2 cuil. à soupe de vinaigre
balsamique
1 cuil. à soupe de sauce
de soja japonaise
Sel et poivre du moulin

Matériel
1 grande poêle

● Laver les épinards, retirer les plus grosses côtes, et les essorer.
Peler et hacher finement l'oignon. Faire chauffer 2 cuil. à soupe
d'huile d'olive dans une grande poêle et faire fondre l'oignon
pendant 2 min à feu moyen. Déposer les épinards dans la poêle,
remuer pendant 2 min, baisser le feu et laisser cuire 8 min, jusqu'à ce qu'ils soient fondants.

● Ajouter le vinaigre balsamique, la sauce de soja, saler, poivrer, mélanger et retirer du feu. Arroser d'1 cuil. à soupe d'huile
d'olive et servir immédiatement.

● Servir avec une volaille rôtie, une viande ou des saucisses
grillées.

Variante
Pour un plat encore plus fin, remplacez les feuilles d'épinards par des
pousses et diminuez la cuisson de moitié.

Calories : 175 kcal/pers

Sancerre rosé (vallée de la Loire), servir à 11°

Idée gourmande

Saupoudrez de pignons grillés avant de servir.

Le conseil de Julie

– Utilisez de la sauce de soja japonaise, moins salée et plus savoureuse que la chinoise.
– Attention ! Les épinards et les artichauts une fois cuits se conservent peu de temps : ils produisent de l'acide oxalyque (qui donne de violentes douleurs abdominales).

Que faire des restes ?

Faites-les réchauffer quelques minutes à la poêle dans un peu d'huile d'olive, ou faites-les cuire en omelette avec un peu de crème fraîche.

ma ratatouille

Froide, chaude, en omelette, en tarte, en garniture, la ratatouille peut se poser sur toutes les tables, à tout moment du repas (j'ai souvenance d'une sublime ratatouille de fruits et légumes à la vanille servie en dessert dans un restaurant monégasque). Aussi n'hésitez pas à en préparer une grande quantité et conservez-la dans un pot en verre au réfrigérateur, comme votre coulis de tomate. Personnellement, je la sers confite, mais si vous aimez les légumes plutôt croquants, écourtez la cuisson d'une demi-heure.

Pour 6 personnes

Préparation : 30 min
Cuisson : 1 h 30

Ingrédients

750 g d'aubergines
750 g de tomates (1 grosse boîte de tomates pelées au naturel)
500 g de courgettes (500 g de courgettes surgelées)
500 g de poivrons verts et rouges (400 g de poivrons en dés surgelés)
3 oignons (500 g d'oignons émincés surgelés)
4 gousses d'ail (1,5 cuil. à soupe d'ail émincé surgelé)
1 bouquet garni (1 cuil. à soupe d'herbes de Provence)
15 cl d'huile d'olive (1 petit verre)

• Laver et épépiner les tomates. Laver et sécher les aubergines, les courgettes et les poivrons. Ôter les graines et les membranes blanches des poivrons. Couper tous les légumes en dés. Émincer les oignons et hacher l'ail.

• Dans une grande cocotte, faire chauffer l'huile d'olive. Laisser fondre à feu moyen les oignons et l'ail, puis ajouter successivement les aubergines, les poivrons, les courgettes et les tomates.

• Ajouter le bouquet garni, le concentré de tomate dilué dans un peu d'eau et le sucre. Mélanger soigneusement. Saler, poivrer généreusement et ajouter le Tabasco. Couvrir et laisser cuire 1 h 15 en mélangeant de temps en temps. Servir bien chaud ou froid. Accompagne viandes grillées, rôtis et poissons pochés.

Variante

Tian provençal. Cuite au four, cette ratatouille devient un tian provençal : disposez tous les légumes coupés en tranches d'égale épaisseur dans un grand plat, saupoudrez d'herbes de Provence, assaisonnez et arrosez l'huile d'olive. Laisser cuire 1 h à 210 °C (th. 7).

2 cuil. à soupe de
concentré de tomate
1 sucre
5-6 gouttes de Tabasco
Sel et poivre du moulin

Matériel
1 casserole, 1 grande
cocotte

Calories : 360 kcal/pers

Conservation
3 jours au réfrigérateur.

 Penedés (Catalogne),
rouge, servir à 16°

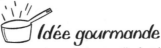 *Idée gourmande*

Si vous servez la ratatouille froide, ajoutez quelques olives noires et
un filet de citron au dernier moment.

Le conseil de Julie

Pelez les poivrons. Pour cela, passez-les sous le gril du four jusqu'à ce
qu'ils noircissent sur toutes leurs faces, enfermez-les 15 min dans un sac
en plastique, vous les pèlerez très facilement.

Que faire des restes ?

Mélangez les restes avec des olives noires et des lamelles de jambon cru
et versez sur un plat de pâtes fraîches.

purée
de pommes de terre à l'huile d'olive et au basilic

La version ensoleillée d'un grand classique. Ça impressionne à tous les coups, à condition d'utiliser une huile d'olive bien parfumée. Et dire que vous aviez hésité à faire de la purée en flocons !

Pour 4 personnes

Préparation : 10 min
Cuisson : 20 min

Ingrédients
1 kg de pommes de terre
(fontana rosa, bintje)
3 cuil. à soupe d'huile
d'olive
20 cl de lait entier
3 brins de basilic
1 pincée de noix muscade
râpée
Sel et poivre du moulin

Matériel
1 couteau économe,
1 presse-purée (facultatif)

Calories : 330 kcal/pers

Patrimonio rosé
(Corse), servir à 10°

• Porter à ébullition une grande quantité d'eau salée. Éplucher les pommes de terre, les couper en dés et les jeter dans l'eau bouillante. Laisser cuire 20 min environ. Vérifier la cuisson avec la pointe d'un couteau, elles doivent être tendres mais pas en bouillie. Ciseler le basilic. Réserver.

• Égoutter les pommes de terre, les placer dans un plat creux préalablement chauffé et les écraser à l'aide d'un presse-purée ou d'une fourchette. Ajouter l'huile d'olive et le lait chaud au fur et à mesure. Mélanger jusqu'à ce que la purée soit homogène.

• Saler et poivrer, ajouter une pincée de noix muscade râpée et l'équivalent d'une bonne cuil. à soupe de basilic frais ciselé. Mélanger à nouveau. Servir immédiatement, en accompagnement de travers de porc, d'une volaille rôtie ou d'une viande en sauce.

Variante

Accommodez la purée selon vos envies ou en fonction du plat qu'elle accompagne : au persil avec une daube, à l'aneth avec un poisson, à la ciboulette avec une volaille rôtie…

Le conseil de Julie

Préparez cette purée au dernier moment car elle ne peut être réchauffée.

Que faire des restes ?

– Petits gâteaux salés au fromage. Pesez la purée, ajoutez le tiers du poids en gruyère râpé, beurre et farine. Mélangez soigneusement pour obtenir une pâte bien lisse. Étalez cette pâte au rouleau sur 1/2 cm d'épaisseur, coupez-la en carrés et disposez-les sur la plaque du four beurrée. Allumez le four à 180 °C (th. 6) et enfournez la plaque lorsqu'il est bien chaud. Laissez cuire 10 min. Servez en amuse-bouches ou en accompagnement.

– Vous pouvez aussi utiliser les restes de purée pour faire un hachis Parmentier.

pommes de terre
braisées aux olives

Quel plaisir de mettre dans sa bouche ces petites pommes de terre dorées encore brûlantes ! On les accompagnera d'une épaule d'agneau rôtie ou d'un bar grillé, à moins qu'on ne les mange toutes seules, chapeautées d'une pointe de mayonnaise aux herbes. Petit rappel de l'incontournable triangulaire de la patate : les acheter toutes de même taille pour éviter les décalages de cuisson, les conserver au réfrigérateur pour qu'elles flétrissent moins vite, et ne pas les conserver du tout après cuisson car elles deviennent vite toxiques.

Pour 4 personnes

Préparation : 20 min
Cuisson : 25 min

Ingrédients

1 kg de petites pommes
de terre nouvelles
150 g d'olives noires
dénoyautées
1 gousse d'ail (1 cuil.
à café d'ail surgelé)
1 cuil. à soupe de brins
de romarin frais ou séché
4 cuil. à soupe d'huile
d'olive
Sel et poivre du moulin

Matériel

1 grande poêle avec
couvercle

● Ciseler le romarin. Laver et sécher soigneusement les pommes de terre avec un torchon. Faire chauffer l'huile dans une grande poêle et y faire dorer les pommes de terre à feu vif pendant 5 min en remuant de temps en temps. Saler, poivrer et ajouter le romarin haché. Couvrir et laisser cuire 15 min à feu moyen.

● Hacher l'ail et l'ajouter dans la poêle avec les olives. Poursuivre la cuisson 5 min et servir bien chaud. Accompagne viandes braisées, grillées et volailles rôties.

Variante

– Utilisez des pommes de terre grenailles ou pompadour.
– Vous pouvez remplacer le romarin par deux brins de thym frais.

Calories : 400 kcal/pers

Conservation
Évitez de conserver des
pommes de terre cuites plus
de 24 h.

Côtes-de-buzet rouge
(Sud-Ouest),
servir à 16°

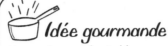

Idée gourmande
Ajoutez 1 verre de vin blanc en même temps que le romarin.

Le conseil de Julie
Utilisez des petites olives de Nice et faites-les cuire avec les noyaux si
vous n'avez pas de dénoyauteur. Pensez seulement à prévenir vos amis.

Que faire des restes ?
Servez-les froids, arrosés d'un filet d'huile d'olive et accompagnés de
tapenade.

gratin dauphinois

Incontestablement l'une des sept merveilles culinaires de notre Hexagone. Ne sacrifiez pas à l'heure et demie de cuisson, c'est la condition à respecter pour que les pommes de terre soient moelleuses et le gratin fondant. Le seul ennui de ce plat, c'est qu'on ne sait jamais si les copains viennent pour nous ou pour le gratin.

Pour 6 personnes

Préparation : 15 min
Cuisson : 1 h 30

Ingrédients
1 kg de pommes de terre
30 cl de lait entier
30 cl de crème fraîche
1 gousse d'ail (1 cuil. à café d'ail émincé surgelé)
60 g de beurre
2 pincées de noix muscade râpée
Sel et poivre du moulin

Matériel
1 couteau économe, 1 plat à gratin

Calories : 340 kcal/pers

Conservation
24 h au réfrigérateur.

- Préchauffer le four à 150 °C (th. 5). Éplucher les pommes de terre et les couper en rondelles de 3 mm d'épaisseur. Frotter un grand plat à gratin avec une gousse d'ail fendue en deux, puis l'enduire avec la moitié du beurre.

- Mélanger la crème, le lait et la muscade. Étaler 1/3 des pommes de terre dans le fond du plat à gratin, saler et poivrer, et étaler 1/3 du mélange crème-lait. Recommencer 2 fois l'opération. Répartir le reste du beurre en parcelles sur le dessus du gratin, enfourner et laisser cuire 1 h 15. Vérifier la cuisson des pommes de terre avec la pointe d'un couteau ; quand elles sont tendres, augmenter la température à 210 °C (th. 7) et laisser gratiner 15 min. Servir très chaud dans le plat de cuisson. Accompagne les poissons pochés, les rôtis et les gigots.

Variante

Les pressés peuvent faire cuire les pommes de terre dans une grande casserole avec le lait et la crème 25 min, puis laisser gratiner 15 min à 210 °C (th.7).

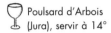 Poulsard d'Arbois
(Jura), servir à 14°

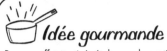 *Idée gourmande*

Pour un effet gratiné, étalez sur le gratin 10 cl de crème fraîche fouettée mélangée à 50 g de fromage râpé et repassez-le au four 2 min.

Le conseil de Julie

Si vous ne voulez pas que votre gratin se transforme en purée, utilisez des pommes de terre à chair ferme (monalisa, BF 15, samba).

galettes
de pommes de terre aux oignons

Le fameux rösti suisse préparé en version individuelle. Le persil n'est qu'une suggestion, vous pouvez le remplacer par l'herbe de votre choix ou le proposer nature. Les jours de grand froid (ou de grande faim), je me prépare une galette surdimensionnée, j'y ajoute quelques lardons fumés rissolés et je l'accompagne d'une laitue à la vinaigrette moutardée. L'éloge de la simplicité.

Pour 4 personnes

Préparation : 10 min
Cuisson : 3 × 10 min
Ingrédients
750 g de pommes de terre (monalisa, bintje)
1 gros oignon (200 g d'oignons émincés surgelés)
1 gousse d'ail (1 cuil. à café d'ail émincé surgelé)
2 œufs
4 cuil. à soupe d'huile de tournesol
1/2 bouquet de persil plat (2 cuil. à soupe de persil ciselé surgelé)
1 pincée de noix muscade
Sel et poivre du moulin
Matériel
1 couteau économe,
1 saladier, 1 robot hachoir (ou 1 râpe), 1 grande poêle, papier absorbant

● Préchauffer le four à 150 °C (th. 5).

● Éplucher et râper les pommes de terre. Émincer finement l'oignon et l'ail. Laver, effeuiller et ciseler le persil. Battre les œufs à la fourchette. Verser le tout dans un saladier, ajouter la noix muscade, saler et poivrer généreusement. Mélanger soigneusement.

● Dans une grande poêle, faites chauffer 2 cuil. à soupe d'huile. Lorsque l'huile est chaude, déposer des petits tas de pommes de terre bien espacés et les étaler en galettes avec le dos d'une cuillère. Laisser cuire 5 min, jusqu'à ce qu'elles soient bien dorées. Les retourner délicatement avec une spatule et laisser cuire encore 5 min. Déposer les galettes sur du papier absorbant et les tenir au chaud dans le four entrouvert.

● Recommencer l'opération plusieurs fois, selon la taille de votre poêle. Accompagne les viandes grillées et rôties, la charcuterie ou les poissons poêlés.

Variante

Galettes de pommes de terre et céleri aux oignons. Remplacez la moitié des pommes de terre par du céleri-rave râpé arrosé de jus de citron.

Calories : 330 kcal/pers

Conservation

24 h dans le réfrigérateur.
Faites réchauffer dans une
poêle bien chaude ou au
four enveloppé dans du
papier d'aluminium.

Chasselas
« Vieilles Vignes »,
servir à 9-11°

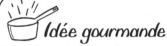

Idée gourmande

Pour faire de ces galettes un plat principal, mélangez quelques
lanières de poireaux et de jambon cru aux pommes de terre, versez
toute la préparation dans la poêle et laissez cuire comme une omelette. Servez en parts.

Le conseil de Julie

Si vous utilisez un robot hachoir, râpez en même temps les pommes de
terre, l'oignon et l'ail.

penne aux aubergines
et au jambon cru

Je confesse que mes premières tentatives de maîtrise de l'aubergine se sont révélées tristement infructueuses. Brûlées sous le gril, huileuses dans la sauteuse, explosées au micro-ondes… J'ai frôlé le découragement. La difficulté consiste en fait à les trancher assez finement pour qu'elles cuisent en profondeur tout en évitant qu'elles ne crament comme du papier à cigarettes. Pour les moins aventureux, la meilleure solution reste les aubergines surgelées : prétranchées et déjà grillées, vous n'aurez plus qu'à les poêler et à les faire sauter avec les pâtes.

Pour 4 personnes

Préparation : 10 min
Cuisson : 18 min environ

Ingrédients
500 g de penne
2 petites aubergines
(ou 300 g d'aubergines grillées surgelées)
150 g de jambon cru
2 tomates
1 gousse d'ail
5 cuil. à soupe d'huile d'olive
10 cl de vin blanc sec
150 g de ricotta
4 brins de basilic
Sel et poivre du moulin

Matériel
1 casserole, 1 grande poêle

• Allumer le gril du four. Verser l'huile d'olive dans un bol. Laver les aubergines et les couper en rondelles pas trop fines, les déposer sur la plaque du four et les arroser de 3 cuil. à soupe d'huile d'olive. Faire griller 2 min sur chaque face et les couper en dés.

• Porter à ébullition une grande quantité d'eau et ébouillanter les tomates 10 s. Les peler et les concasser. Éplucher et émincer la gousse d'ail. Laver, sécher et ciseler 4 brins de basilic.

• Découenner, dégraisser et hacher le jambon au couteau. Porter à ébullition 5 litres d'eau salée.

• Faire chauffer 1 cuil. à soupe d'huile d'olive dans une poêle et y faire revenir le hachis de jambon et l'ail pendant 5 min. Verser le vin blanc et laisser s'évaporer. Ajouter les tomates concassées, les aubergines, saler, poivrer et laisser cuire 8 à 10 min à feu moyen-doux.

• Pendant ce temps, faire cuire les penne le temps indiqué sur le paquet. Les égoutter et les verser dans la poêle. Verser 1 cuil. à soupe d'huile d'olive, saler légèrement, poivrer et faire sauter

Calories : 710 kcal/pers

Conservation
48 h au réfrigérateur. Faites sauter 3 min à la poêle à feu plutôt vif.

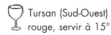 Tursan (Sud-Ouest) rouge, servir à 15°

1 min. Ajouter le basilic et la ricotta coupée en dés, mélanger et servir immédiatement.

Variante

Penne aux aubergines et aux cèpes. Remplacer le jambon cru par 400 g de cèpes frais poêlés et la ricotta par du parmesan.

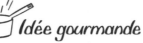 **Idée gourmande**
En saison, remplacez l'origan par de la marjolaine fraîche.

Le conseil de Julie

Si vous ne trouvez pas de petites aubergines, utilisez-en une grosse : coupez-la en lamelles et faites dégorger sous du gros sel pendant 30 min. Rincez et séchez.

spaghetti
à l'ail et au piment

C'est le plat idéal des retours de vacances, incontournable lorsque le réfrigérateur crie famine. Pourtant, avec une huile d'olive extra-vierge bien fruitée, c'est un plat qui frôle le sublime. Un conseil : à éviter lors d'un dîner d'amoureux pour cause d'haleine persistante...

Pour 4 personnes

Préparation : 2 min
Cuisson : 8 à 10 min

Ingrédients
500 g de spaghetti
8 cuil. à soupe d'huile
d'olive
4 belles gousses d'ail
2 piments rouges séchés
(ou 1/2 cuil. à café
de piment en poudre)
1/2 bouquet de persil plat
Sel

Matériel
1 grande casserole,
1 sauteuse, 1 passoire

Calories : 650 kcal/pers

Conservation
2 jours au réfrigérateur.

Côtes-du-frontonnais
rosé (Sud-Ouest),
servir à 9-11°

Une pointe d'ail chauffée tout doux

• Dans une grande casserole, porter à ébullition 5 litres d'eau et 50 g de sel. Faire cuire les pâtes *al dente* (elles doivent rester fermes sous la dent) en suivant le temps de cuisson indiqué sur l'emballage.

• Pendant ce temps, peler et émincer l'ail très finement. Hors du feu, mélanger dans une sauteuse l'ail, 4 cuil. à soupe d'huile d'olive et le piment. Saler légèrement et remuer. Porter sur feu moyen. Laisser chauffer 2 à 3 min en mélangeant et retirer la sauteuse du feu. Éviter que l'ail ne noircisse.

Infusion de saveurs

• Égoutter les pâtes et versez-les dans la sauteuse. Ajouter 4 cuil. à soupe d'huile d'olive, mélanger intimement, couvrir et laisser reposer 1 min 30 pour que les parfums se mélangent.

• Parsemer de persil et servir immédiatement ces spaghetti dans des assiettes creuses chaudes.

Variante

Spaghetti à la monégasque. Faites fondre avec l'ail et le piment 10 filets d'anchois à l'huile d'olive, ajoutez 100 g d'olives noires de Nice dénoyautées et 50 g de dés de tomate, mélangez quelques secondes et versez sur les pâtes.

Idée gourmande

Bien que ce plat soit traditionnellement servi sans fromage, vous pouvez proposer du parmesan râpé en accompagnement.

Le conseil de Julie

– Émincez l'ail au couteau et non au hachoir, il formerait des paquets et risquerait de brûler.

– Après avoir jeté vos pâtes dans l'eau bouillante, couvrez pour que l'ébullition reprenne plus rapidement. Laissez cuire ensuite à découvert et remuez-les 2 à 3 fois avec une spatule en bois.

Que faire des restes ?

Omelette aux pâtes. Utilisez les restes pour faire une omelette aux pâtes : battez des œufs, salez et poivrez, mélangez-les aux pâtes et faites cuire à la poêle comme une omelette.

pâtes

spaghetti complets
aux champignons des bois

« *Pour une alimentation équilibrée, privilégiez les fibres et les sucres lents.* » *Si, comme à moi, ce genre de phrase vous file des frissons, cette recette devrait vous réconcilier avec votre magazine féminin favori. Oublions les douloureuses cures de médaillons de tofu à la vapeur qui ont attristé nos printemps et osons les féculents intelligents. Peu gras et énergétiques, les pâtes, le riz ou le pain deviennent une véritable armoire à pharmacie lorsqu'ils sont consommés non raffinés (complets). Également champions de l'alimentation saine, les champignons sauvages se marient parfaitement avec la saveur rustique du blé complet. Vous pouvez toutefois les remplacer par quelques champignons de Paris couleur crème, plus parfumés que les blancs.*

Pour 4 personnes

Préparation : 10 min
Cuisson : 12 min

Ingrédients
400 g de spaghetti complets
300 g de girolles
300 g de pleurotes
2 échalotes
1 gousse d'ail
4 cuil. à soupe d'huile d'olive
3 cuil. à soupe de crème fraîche

• Nettoyer les champignons avec un torchon humide et couper les plus gros en morceaux. Éplucher et émincer les échalotes et la gousse d'ail. Laver, sécher et ciseler le cerfeuil.

• Porter à ébullition environ 5 litres d'eau salée, y plonger les spaghetti et laisser cuire le temps indiqué sur le paquet.

• Pendant ce temps, faire chauffer 2 cuil. à soupe d'huile d'olive dans une grande poêle et y faire sauter les champignons à feu vif jusqu'à complète évaporation de l'eau rendue (5-7 min). Ajouter les échalotes et l'ail haché. Poursuivre la cuisson 5 min environ en faisant sauter les champignons pour les colorer. À la fin de la cuisson, saler et poivrer généreusement les champignons. Ajouter la noix muscade et le cerfeuil ciselé. Mélanger.

• Égoutter les spaghetti. Les verser dans la poêle des champi-

1/2 bouquet de cerfeuil
2 pincées de noix muscade
Sel et poivre du moulin

Matériel

1 grande poêle,
1 casserole, 1 passoire

Calories : 590 kcal/pers

Conservation

2 jours au réfrigérateur.
Faites-les sauter 7 min dans
une poêle bien chaude et
rajoutez quelques pluches
de cerfeuil ou du persil
ciselé.

Côtes-de-bourg
(Bordelais) rouge,
servir à 18°

gnons, ajouter la crème fraîche et mélanger 1 min sur feu moyen.
Arroser de 2 cuil. à soupe d'huile d'olive et servir immédiatement,
accompagnés de parmesan râpé.

Variante

Remplacez les 2 cuil. à soupe d'huile d'olive ajoutées au dernier moment
par de l'huile de noix.

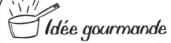 *Idée gourmande*

Au moment de servir, ajoutez des fines tranches de pancetta poêlée
(poitrine fumée italienne).

Le conseil de Julie

Évitez de laver les champignons à l'eau, ils perdraient leur arôme et
ramolliraient à la cuisson.

pâtes fraîches
aux cèpes

Dès que l'automne pointe son nez, vous vous devez de profiter de ces champignons miraculeux, à la texture fondante et à la saveur profonde. Après avoir écarté ceux qui sont trop mous ou verdâtres, entreposez-les au réfrigérateur, têtes en bas, pour que les éventuels occupants remontent vers la queue. Sachez être patient et évitez de céder à la tentation des tout premiers cèpes de la saison (début septembre), dont les prix volent encore en haute altitude.

Pour 4 personnes

Préparation : 10 min
Cuisson : 20 min

Ingrédients
500 g de tagliatelle fraîches
500 g de cèpes
1 gousse d'ail
15 cl de crème fraîche
60 g de beurre
1 giclée de vin blanc (5 cl environ)
1/2 bouquet de basilic
Sel et poivre du moulin
Parmesan râpé (facultatif)

Matériel
1 grande poêle,
1 casserole, 1 passoire

● Éplucher et hacher finement l'ail au couteau. Nettoyer soigneusement les cèpes avec un torchon humide. Ôter le bout terreux et les parties trop vertes. Couper les chapeaux en lamelles épaisses et les pieds en dés. Laver, sécher et ciseler le basilic.

● Faire chauffer le beurre dans une grande poêle ou une sauteuse. Y verser les champignons et laisser cuire pendant 10 min à feu vif en remuant de temps en temps. Ajouter l'ail en fin de cuisson, remuer et arroser de vin blanc. Retirer du feu lorsque les champignons sont secs et bien dorés. Saler et poivrer.

● Pendant ce temps, porter à ébullition une grande quantité d'eau salée et faire cuire les pâtes *al dente* (3 à 5 min). Les égoutter et les verser dans la poêle, ajouter la crème fraîche et remuer pendant 30 secondes. Saupoudrer de basilic ciselé et servir immédiatement. Proposer éventuellement un ramequin de parmesan râpé.

Calories : 610 kcal/pers

Conservation

24 h au réfrigérateur. Pour les réchauffer, faites-les sauter 5 min à la poêle.

Givry 1er cru (Bourgogne) rouge, servir à 17°

Variante

Pour obtenir un goût plus prononcé, remplacez la moitié des cèpes par 80 g de cèpes séchés. Faites-les tremper 30 min dans l'eau tiède, essorez-les avant de les faire gonfler dans le beurre en ajoutant un peu de leur eau de trempage pour éviter qu'ils ne se dessèchent.

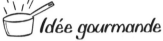

Idée gourmande

Préparez des **Pâtes fraîches au canard et aux cèpes**.
Faites réchauffer une cuisse de canard confite au four 10 à 15 min et mélangez-en la chair effeuillée aux pâtes fraîches.

Le conseil de Julie

Sauf s'ils sont très sales, évitez de laver les cèpes sous l'eau, ils perdraient une grande partie de leur saveur.

tagliatelle
aux coquillages

Un plat dont l'excellence dépend de la fraîcheur de vos coquillages et de vos crevettes. Interdit d'acheter les trois moules de décoration échouées sur le stand de votre poissonnier sous prétexte que vous n'avez pu quitter le bureau avant 20 heures. Optez plutôt pour une solution de sécurité : le cocktail de fruits de mer surgelé, qui permet de parer à tous les imprévus.

Pour 4 personnes

Préparation : 30 min
Cuisson : 20 min

Ingrédients

500 g de tagliatelle fraîches
1 litre de moules
1 litre de palourdes
300 g de crevettes roses cuites et décortiquées
2 échalotes
15 cl de vin blanc
15 cl de crème fraîche
1 cuil. à soupe d'huile d'arachide
3 brins de basilic
Gros sel
Poivre du moulin

Matériel

1 sauteuse avec couvercle,
1 grande casserole,
1 passoire

• Plonger les coquillages dans une grande quantité d'eau froide et les remuer vigoureusement pour ôter le sable. Jeter les coquillages ouverts. Couper les crevettes en deux dans la longueur. Éplucher et émincer les échalotes. Ciseler le basilic.

• Faire chauffer 1 cuil. à soupe d'huile dans une sauteuse et y faire blondir les échalotes. Ajouter les coquillages et verser le vin blanc. Couvrir et laisser cuire à feu vif jusqu'à ce que tous les coquillages soient ouverts. Retirer du feu. Décoquiller les coquillages. Remettre la sauteuse et son jus de cuisson sur feu vif et laisser réduire de moitié.

• Pendant ce temps, porter à ébullition une grande quantité d'eau salée et faire cuire les pâtes *al dente* (3 à 5 min).

• Lorsque le jus des coquillages est suffisamment réduit, retirer la sauteuse du feu et verser la crème, les coquillages décortiqués et les crevettes. Mélanger soigneusement.

• Placer les tagliatelle dans un plat chauffé, verser la sauce, poivrer généreusement et parsemer de basilic ciselé. Servir très chaud.

Calories : 590 kcal/pers

Conservation

Les coquillages se conservent très mal. Vous êtes condamné à tout manger !

Muscadet de Sèvre-et-Maine sur lie (pays Nantais), servir à 8°

Variante

Pour donner un ton plus méditerranéen à ce plat, oubliez la crème fraîche et ajoutez au jus de cuisson des coquillages 1 petite boîte de tomates pelées au naturel, 1 cuil. à soupe de câpres, 1 cuil. à café de concentré de tomate, 1 pincée d'origan et quelques olives noires hachées. Laissez cuire 20 min à feu moyen, verser coquillages et crevettes.

Idée gourmande

Utilisez des tagliatelle noires à l'encre de seiche. Vous les trouverez dans les épiceries italiennes.

Le conseil de Julie

Ces pâtes sont salées naturellement grâce aux coquillages. Goûtez avant de servir et rajoutez du sel si nécessaire.

penne
et haricots verts au pistou

Qui peut, aussi bien que les Italiens, composer un chef-d'œuvre avec les aliments les plus simples ? Vous et moi, bien sûr, grâce à cette recette maligne et originale où pâtes et légumes cuisent dans la même casserole. Sachez que le temps de cuisson des haricots est indicatif : moins ils sont frais, plus longtemps ils devront être cuits. S'ils sont encore croquants alors que les pâtes sont cuites, égouttez le tout (rien de pire que des pâtes mollassonnes) et achevez la cuisson des haricots à la poêle dans un peu d'huile d'olive. Pour les cas extrêmes de fainéantise, l'utilisation d'une sauce au pistou en boîte est tout juste tolérée.

Pour 4 personnes

Préparation : 5 min
Cuisson : 15 min

Ingrédients
300 g de penne
600 g de haricots verts
extrafins

Pour le pistou
1 gros bouquet de basilic
2 gousses d'ail
1 poignée de pignons
(30 g)
60 g de parmesan
fraîchement râpé
1/2 verre d'huile d'olive
(10 cl environ)
Sel et poivre du moulin

• Porter à ébullition une grande quantité d'eau salée. Équeuter et rincer les haricots. Laver, sécher et effeuiller le basilic. Mixer ensemble le parmesan râpé, le basilic, l'huile d'olive, les pignons et l'ail. Saler légèrement et poivrer.

• Plonger les haricots dans l'eau bouillante et attendre 3 min avant d'ajouter les penne. Laisser cuire le temps indiqué sur le paquet. Les haricots doivent rester *al dente* comme les pâtes.

• Égoutter le tout dans une passoire, verser dans un plat creux préchauffé et mélanger le pistou. Goûter et rectifier l'assaisonnement si nécessaire et servir immédiatement.

• Présenter du parmesan râpé et des pignons grillés dans des petits ramequins.

Pour servir
Parmesan râpé
Pignons grillés

Matériel
1 mixeur ou 1 mortier,
1 grande casserole,
1 passoire

Calories : 600 kcal/pers

Conservation
2 jours au réfrigérateur.

Vin de pays des coteaux du Quercy rouge, servir à 15°

Variante

Pour une sauce plus onctueuse (et plus légère !), remplacez la moitié de l'huile par de la crème fraîche à 15 %, après avoir mixé le pistou.

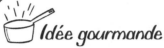

Idée gourmande

Faites cuire en même temps que les haricots des dés de pommes de terre pelées.

Le conseil de Julie

Les temps de cuisson sont indicatifs, les haricots peuvent cuire 8 à 15 min selon leur taille. Si vous n'êtes pas sûr de coordonner leur temps de cuisson avec les pâtes, faites-les cuire dans 2 casseroles différentes.

Que faire des restes ?

Faites-les sauter à la poêle pour les réchauffer ou servez-les en salade avec des pommes de terre et des quartiers de tomates fraîches.

pâtes

tagliatelle vertes
au saumon fumé croustillant

L'utilisation des restes demeure l'un des grands défis de la ménagère de l'an 2000. Les accommodements compliqués sont déconseillés pour les produits de luxe (caviar, foie gras, huîtres, truffes…), afin de ne pas masquer la finesse de leur saveur. OK, on ne fera pas un tajine de saumon fumé, mais ce poisson haut de gamme pourrait-il souffrir une légère cuisson ? Le résultat est troublant : le goût de fumé est renforcé, la texture s'allège, virant du fondant au croustillant, et l'on obtient un bacon inattendu. Les enfants adorent et trouvent ça rigolo, moi aussi.

Pour 4 personnes

Préparation : 5 min
Cuisson : 10 à 15 min

Ingrédients
400 g de tagliatelle aux épinards
200 g de saumon fumé
4 brins d'aneth
20 cl de crème fraîche
2 cuil. à soupe d'huile d'olive
Sel et poivre du moulin

Matériel
1 poêle, 1 casserole

Calories : 690 kcal/pers

• Ciseler l'aneth. Découper les tranches de saumon fumé en lanières de 1 cm de large. Faire chauffer l'huile d'olive dans une poêle et y déposer les lanières de saumon. Laisser cuire 10 min sur feu vif en les retournant à mi-cuisson. Elles doivent être bien croustillantes.

• Pendant ce temps, porter à ébullition une grande quantité d'eau salée dans une casserole. Plonger les tagliatelle dans l'eau bouillante et laisser cuire le temps indiqué sur le paquet. Les égoutter et les verser dans le plat de service. Ajouter le saumon et son huile de cuisson, remuer et couvrir pour maintenir au chaud.

• Dans la même poêle, faire chauffer la crème fraîche à feu doux pendant 1 min en évitant l'ébullition. Verser sur les pâtes, poivrer généreusement, saler si nécessaire et mélanger. Parsemer d'aneth ciselé et servir sans attendre.

Variante

Vous pouvez évidemment servir ce plat sans faire cuire le saumon. Dans ce cas, faites-le seulement chauffer en même temps que la crème et ajoutez une pincée de curry ou de noix muscade.

Idée gourmande

Ajoutez un petit pot d'œufs de saumon avant de servir.

Le conseil de Julie

Achetez plutôt des chutes de saumon fumé que vous trouverez chez le poissonnier. Elles se prêtent très bien à cette recette et sont bien moins chères que les tranches.

spaghetti
à la carbonara

Un grand classique de la cuisine italienne mitonné en quelques minutes et pour trois sous. Pour pouvoir assouvir les envies impromptues, il vous suffit d'avoir toujours une barquette de lardons fumés au congélateur et une brique de crème liquide dans le garde-manger. Pensez à harmoniser vos menus et prévoyez léger : le brownie en dessert, ça pourrait faire masse.

Pour 4 personnes

Préparation : 5 min
Cuisson : 10 min

Ingrédients
400 g de spaghetti
200 g de lardons fumés
20 cl de crème fraîche liquide
1 échalote
3 cuil. à soupe de vin blanc sec
1 noisette de beurre
2 jaunes d'œufs
80 g de parmesan
Sel et poivre du moulin

Matériel
1 casserole, 1 râpe, 1 sauteuse ou 1 grande poêle

Calories : 780 kcal/pers

Régnié (Beaujolais), servir à 14°

- Porter à ébullition une grande quantité d'eau salée. Râper le parmesan. Éplucher et émincer finement l'échalote.

- Verser les pâtes dans l'eau bouillante et laissez cuire le temps indiqué sur le paquet.

- Pendant ce temps, faire chauffer le beurre dans la sauteuse et y dorer les lardons à feu vif pendant 2 min. Ajouter l'échalote et laisser cuire encore 5 min à feu moyen. Verser le vin blanc, remuer pendant 1 min et ajouter la crème fraîche. Laisser chauffer à feu doux jusqu'à ce que les pâtes soient cuites.

- Égoutter les spaghetti et les verser dans la sauteuse, hors du feu. Ajouter les jaunes d'œufs crus, poivrer généreusement, saler si nécessaire et mélanger soigneusement. Servir immédiatement pour éviter que le jaune d'œuf ne cuise. Proposer le parmesan râpé à part.

Variante

Remplacez les lardons fumés par de la pancetta italienne coupée en petits dés.

Idée gourmande

Ajoutez 2 cuil. à soupe de vinaigre balsamique dans la poêle avant de verser la crème fraîche. Vous obtiendrez un arôme plus « chaud ».

Le conseil de Julie

Ne salez ce plat qu'au dernier moment, les lardons apportant déjà beaucoup de sel.

Que faire des restes ?

Gratin de pâtes aux petits pois et aux lardons. Ajoutez un peu de crème fraîche et quelques petits pois surgelés, versez dans un plat à gratin, parsemez de chapelure et de parmesan et faites cuire à four chaud 15 min.

lasagne
à la bolognaise

Un conseil : doublez les quantités d'office et placez un des plats au congélateur. Cela ne vous demandera pas beaucoup plus de travail et vous ne serez jamais pris de court si les copains débarquent à l'improviste. Pour votre culture personnelle, sachez que les Italiens ne revendiquent pas la paternité de la sauce bolognaise, ils trouvent même que c'est une hérésie diététique (dixit une amie italienne). Et depuis quand les lasagne devraient-elles être diététiques ?

Pour 6 personnes

Préparation : 15 min
Cuisson : 1 h 15

Ingrédients
350 g de pâtes à lasagne (sèches)
400 g de bœuf haché
2 grosses boîtes de tomates pelées au naturel (ou 1 kg de tomates fraîches pelées et concassées)
1 oignon
1 carotte
1 cuil. à soupe de concentré de tomate
1 gousse d'ail
10 cl de vin blanc sec
3 brins de thym
2 feuilles de laurier
1 sucre
3 cuil. à soupe d'huile d'olive

● Peler et hacher l'oignon et la gousse d'ail. Gratter la carotte et la hacher (ou la couper en rondelles fines). Égoutter et concasser les tomates.

● Verser 3 cuil. à soupe d'huile d'olive dans une sauteuse et faire revenir le hachis de légumes avec la viande pendant 5 min à feu moyen. Ajouter les tomates, le concentré dilué dans le vin blanc, le thym, le laurier et le sucre. Saler, poivrer et laisser cuire 45 min à découvert pour que la sauce épaississe.

● Pendant ce temps, préparer la béchamel. Faire fondre le beurre dans une casserole, ajouter la farine d'un seul coup et remuer avec une spatule en bois jusqu'à l'obtention d'une pâte homogène blonde (ne pas laisser roussir). Ajouter le lait progressivement et laisser cuire sans cesser de remuer jusqu'à ce que la sauce nappe la cuillère (elle doit avoir une consistance crémeuse). Retirer du feu, saler, poivrer et muscader.

● Préchauffer le four à 210 °C (th. 7). Étaler une couche de sauce tomate dans le fond d'un plat à gratin. Recouvrir d'une couche de feuilles de lasagne (attention, elles ne doivent pas se superposer). Recouvrir d'une couche de béchamel, puis recommencer l'opéra-

60 g de parmesan
25 g de beurre

Pour la sauce béchamel
50 g de beurre
50 g de farine
90 cl de lait
1 pincée de noix muscade
Sel et poivre du moulin

Matériel
1 sauteuse (ou 1 grande poêle), 1 casserole

Calories : 578 kcal/pers

Conservation
2 jours au réfrigérateur ou plusieurs mois au congélateur.

Saint-chinian (Languedoc), servir à 14°

tion : sauce tomate, lasagne, béchamel, sauce tomate... Terminer par une couche de béchamel, saupoudrer de parmesan et parsemer de beurre en morceaux. Enfourner et laisser cuire 20 min. Augmenter le four à 240 °C (th. 8) et laisser cuire encore 5 min pour que le fromage soit bien gratiné.

● Accompagner d'une salade verte.

Variante

– Remplacez la moitié du bœuf par du porc maigre haché.
– Si vous êtes pressé, remplacez la béchamel par de la ricotta bien assaisonnée, diluée à feu doux avec de la crème fraîche liquide.

Idée gourmande

Ajoutez 20 g de cèpes séchés en même temps que la viande.

Le conseil de Julie

Laissez reposer 10 min avant de servir (le but n'étant pas de brûler le palais de vos amis).

risotto
à la milanaise

J'ai goûté ce plat pour la première fois à l'âge de 8 ans. C'était lors d'un dîner dominical dans une pizzeria, le risotto de maman arriva sur la table avant ma margharita et je ne pus m'empêcher de plonger ma cuillère dans ce curieux riz au lait couleur sable. Choc émotionnel, révélation gustative ! La texture, onctueuse et légèrement croquante, la saveur, raffinée et puissante, tout était inédit et tellement bon. Depuis, je cours les restaurants italiens pour trouver le meilleur risotto de la capitale (à quand un guide du risotto ?), et il ne se passe pas un mois sans que mes amis ne viennent tester une nouvelle recette à la maison. Celui-ci est l'accompagnement traditionnel de l'Osso-buco (p. 140), mais vous pouvez bien sûr le servir seul, en entrée ou en plat léger, accompagné d'une salade. C'est un plat économique dont la réussite tient à la qualité du safran. Si vous ne trouvez pas de safran en filaments, utilisez de la poudre, mais choisissez une marque réputée pour éviter que l'on ne vous vende du curcuma, ou tout autre colorant sans goût véritable.

Pour 6 personnes

Préparation : 5 min
Cuisson : 15 à 20 min

Ingrédients
500 g de riz rond (arborio de préférence)
100 g de parmesan fraîchement râpé

• Faire chauffer le bouillon dans une casserole et le maintenir à frémissement léger pendant toute la cuisson du risotto. Éplucher et hacher finement l'oignon.

• Faire fondre 60 g de beurre à feu moyen dans la casserole anti-adhésive et y dorer l'oignon pendant 1 à 2 min en remuant souvent. Ajouter la moelle coupée en petits morceaux et laisser fondre. Verser le riz et remuer jusqu'à ce que les grains deviennent translucides (3 min environ), puis ajouter le vin et laisser s'évaporer.

15 cl de vin blanc
1 oignon
25 g de moelle de bœuf
(facultatif)
90 g de beurre
1 pincée de noix muscade
1 ou 2 pincées de filaments
de safran
1,5 litre de bouillon de
bœuf maison ou réalisé
avec 3 cubes
Sel et poivre du moulin

Matériel
2 grandes casseroles, dont
1 antiadhésive

Calories : 475 kcal/pers

Conservation
Le risotto ne peut être
réchauffé.

Valpolicella (Italie,
Vénétie) rouge,
servir à 16°

● Verser 1 louche de bouillon, remuer jusqu'à absorption. Recommencer l'opération, en attendant à chaque fois que le bouillon versé précédemment soit absorbé pour en rajouter. Maintenir à feu moyen, remuer et racler constamment le fond de la casserole.

● Dans la dernière louche de bouillon, diluer le safran, le verser sur le riz et remuer. Goûter, le riz doit être cuit mais encore un peu ferme sous la dent.

● Saler légèrement, poivrer et ajouter une pincée de noix muscade. Hors du feu, incorporer le reste du beurre (30 g) et le parmesan. Si le riz est trop dense, ajouter un peu de bouillon. Servir sans attendre dans des assiettes creuses chaudes.

Variante
Remplacez la moelle par 2 cuil. à soupe d'huile d'olive et le riz arborio par du riz rond à dessert.

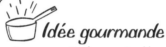

Idée gourmande
– Pour un goût plus corsé, diluez 2 cuil. à soupe de fond de veau déshydraté dans le bouillon.
– Remplacez une louche de bouillon par un verre de lait.

Le conseil de Julie
Laissez bien les grains de riz s'imprégner de matière grasse avant d'ajouter tout liquide. Cela évitera au riz de faire masse.

risotto
à l'encre de seiche

Interdit d'attaquer cette recette sans avoir chaussé votre tablier le plus laid. Mystérieuse alchimie de notes iodées et poivrées, ce riz tout noir est un plat subtil, grand classique de la cuisine vénitienne. Vous pouvez proposer du parmesan râpé à table, mais sachez que les Italiens ne l'associent jamais au poisson.

Pour 4 personnes

Préparation : 30 min
Cuisson : 40 min

Ingrédients
800 g de seiches ou
calmars
350 g de riz rond (arborio,
si possible)
30 cl de vin blanc sec
1 litre de court-bouillon
(en sachet, à diluer)
1/2 verre d'huile d'olive
(10 cl)
30 g de beurre
1 oignon
1 gousse d'ail
1 petit bouquet de persil
plat
Sel et poivre

Matériel
1 casserole ou 1 cocotte

• Nettoyer les sèches. Enlever délicatement la peau et faire sortir l'os des poches. Détacher les tentacules, enlever les vésicules argentées contenant l'encre, en prenant soin de ne pas les casser. Les déposer dans un bol. Couper les yeux et le bec des seiches pour ne garder que les tentacules. Laver soigneusement les seiches et les couper en lamelles. Émincer ail et oignon.

• Faire chauffer l'huile dans une casserole ou une cocotte. Faire revenir ail et oignon sur feu moyen. Lorsque l'ail commence à dorer, ajoutez les lamelles de seiches. Saler légèrement, poivrer et laisser cuire quelques minutes en mélangeant. Verser alors le vin, puis laisser cuire 20 min environ. Remuer de temps en temps.

• Faire chauffer le bouillon et le maintenir à frémissement léger.

• Verser le riz, et remuer pour qu'il s'imprègne bien du fond de cuisson. Ajouter le persil. Diluer l'encre dans une louche de bouillon, verser et attendre qu'il soit absorbé pour rajouter une autre louche. Laisser cuire 15 à 20 min en ajoutant le bouillon louche par louche, sans cesser de remuer.

• Hors du feu, ajouter le beurre. Servir bien chaud dans des assiettes creuses préchauffées.

Calories : 820 kcal/pers

Conservation
Le risotto ne peut être
réchauffé.

Saumur rouge
(vallée de la Loire),
servir à 14°

Variante
Remplacez le court-bouillon par du bouillon de légumes ou de volaille.

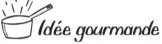

Idée gourmande
Ajoutez une pincée de piment de Cayenne pour relever la saveur des
seiches.

Le conseil de Julie
Préparez les seiches à l'avance et faites cuire le risotto au dernier
moment.

risotto
aux herbes et au citron

Les goûts subtils de ce plat en font un pur moment de bonheur. Je le sers souvent en accompagnement d'une volaille ou d'une viande rôtie auxquelles son acidité discrète se marie à merveille. Le risotto nécessitant une préparation de dernière minute, préparez votre entrée à l'avance : des poivrons marinés, une terrine, ou une tarte salée, ou servez un apéritif copieux.

Pour 4 personnes

Préparation : 10 min
Cuisson : 20 min

Ingrédients
400 g de riz rond (arborio, si possible)
1,5 litre de bouillon de volaille (maison ou fait avec 3 cubes)
1,5 citron
2 échalotes
2 brins de romarin frais
3 brins de persil plat frais
2 brins de menthe fraîche
60 g de beurre
2 cuil. à soupe d'huile d'olive
100 g de parmesan fraîchement râpé
Sel et poivre du moulin

Pour servir
Parmesan

● Faire chauffer le bouillon de volaille dans une casserole et le maintenir à frémissement léger.

● Effeuiller les herbes et les hacher finement au couteau. Râper le zeste des citrons. Mélanger le tout. Émincer les échalotes.

● Faire chauffer l'huile et la moitié du beurre dans une grande casserole. Faire revenir les échalotes 3 min, ajouter le riz et remuer pendant 1 à 2 min. Verser 1 louche de bouillon et remuer jusqu'à absorption presque complète. Répéter l'opération, louche par louche, jusqu'à ce que le riz ait une consistance crémeuse mais soit encore ferme sous la dent (17 min environ).

● Retirer la casserole du feu et incorporer le reste de beurre, le zeste, les fines herbes et le parmesan. Saler et poivrer généreusement. Couvrir et laisser reposer 2 min pour que les parfums se mélangent.

● Rectifier l'assaisonnement. Servir immédiatement dans des assiettes creuses chauffées et proposer du parmesan râpé.

Variante

Utilisez toutes les herbes de votre choix : basilic, sauge, cerfeuil...

Matériel

2 casseroles, 1 râpe

Calories : 680 kcal/pers

Conservation

Le risotto ne peut être réchauffé.

 Bordeaux blanc, servir à 9-11°

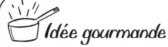 *Idée gourmande*

Ajoutez quelques petits pois frais en fin de cuisson.

Le conseil de Julie

Veillez à ce que le riz soit toujours recouvert d'une fine couche de bouillon.

fondue
au vacherin

Après avoir goûté à ce vacherin, vous pourrez difficilement revenir à la fondue filandreuse que vous avaliez tout schuss avant qu'elle ne vire au caoutchouc. Ici, nul besoin d'un appareil spécial : on enfourne le fromage dans sa boîte d'origine et chacun y plonge sa cuillère. Une recette qui plaît autant aux gourmands qu'aux fainéants.

Pour 4 personnes

Préparation : 5 min
Cuisson : 15 min

Ingrédients
1 petit vacherin mont-d'or dans sa boîte en bois (800 g environ)
1 gousse d'ail (1 cuil. à café d'ail émincé surgelé)
2 cuil. à soupe de vin blanc
Sel et poivre du moulin

Matériel
Papier d'aluminium
(si nécessaire)

Calories : 450 kcal/pers

Conservation
Laissez le fromage refroidir complètement, couvrez d'un film alimentaire et conservez 3 jours au réfrigérateur. Faites réchauffer de la même façon.

boîte garnie

● Préchauffer le four à 180 °C (th. 6). Ôter le couvercle du fromage et retirer la croûte du dessus. Couper la gousse d'ail en petits bâtonnets dans le sens de la longueur et les planter de toutes parts dans le fromage. Arroser de vin blanc, saler légèrement et poivrer généreusement.

● Remettre le couvercle ou recouvrir la boîte de papier d'aluminium et enfourner. Laisser cuire 15 min. Le fromage doit avoir formé une croûte légèrement gratinée.

osez le grand plongeon

● Retirer le couvercle et servir immédiatement à la cuillère dans la boîte en carton avec des tranches de pain de campagne grillées. Accompagner d'une salade verte, d'une poêlée de champignons ou de tranches de jambon de pays.

Variante

– Vous pouvez couper la gousse d'ail en deux et la retirer avant de servir pour que le parfum d'ail soit plus léger. Vous pouvez aussi presser la gousse et la diluer dans le vin blanc.
– Vous pouvez remplacer le pain par des pommes de terre cuites dans leur peau.

Meursault blanc
(Bourgogne,
côte de Beaune),
servir à 9-11°

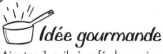

Idée gourmande

Ajoutez 1 cuil. à café de cumin en grains avec le vin blanc.

Le conseil de Julie

Si vous voulez préparer ce plat pour 8 personnes, faites cuire deux petits vacherins successivement (plutôt qu'un gros). Le plaisir est double et le fromage sera toujours chaud.

soufflé au comté

Pourquoi les soufflés au fromage seraient-ils condamnés au gruyère ? Comté, cantal, beaufort, chèvre, gorgonzola, tous les fromages s'y prêtent et peuvent même s'y mélanger. Idéal après un dîner pour utiliser les restes d'un plateau de fromages. Si vous fêtez la votre baptême de soufflé et que vous craignez qu'il ne cuise façon pain azyme, utilisez 10 blancs d'œufs (sans oublier d'assaisonner davantage). C'est l'ascension assurée.

Pour 4 personnes

Préparation : 15 min
Cuisson : 30 min

Ingrédients

180 g de comté
5 jaunes d'œufs
8 blancs d'œufs
10 g de beurre
(pour le moule)
10 g de farine
(pour le moule)

Pour la béchamel
60 g de beurre
50 g de farine
60 cl de lait
2 pincées de noix muscade
Sel et poivre du moulin

Matériel

1 casserole, 1 râpe,
1 saladier, 1 fouet
électrique, 1 moule à soufflé
de 20 cm de diamètre
environ

Silence on tourne!

● Préparer la béchamel. Faire fondre le beurre dans une grande casserole à feu moyen-doux. Jeter la farine d'un seul coup et mélanger vivement avec une spatule pendant 30 s. Baisser le feu et verser le lait petit à petit sans cesser de tourner, jusqu'à ce que la préparation épaississe et nappe la spatule (5 à 7 min). Retirer du feu, saler, poivrer et ajouter les pincées de noix muscade. La béchamel est prête.

● Incorporer les jaunes d'œufs les uns après les autres à la béchamel tiédie et placer les blancs dans un grand saladier.

● Préchauffer le four à 210 °C (th. 7). Râper le comté et réserver. Beurrer et fariner le moule (le retourner pour faire tomber l'excédent de farine).

et bien montez maintenant

● Battre les blancs en neige ferme avec une pincée de sel et les ajouter à la préparation ainsi que le fromage. Soulever la masse de bas en haut avec une spatule pour ne pas casser les blancs. Ne pas chercher à trop bien mélanger.

● Verser dans le moule, enfourner à mi-hauteur et laisser cuire, en évitant d'ouvrir la porte du four (votre grand-mère vous l'avait

Calories : 440 kcal/pers

 Arbois (Jura) blanc, servir à 8-10°

Idée gourmande

Ajoutez des petits dés de jambon fumé ou des graines de pavot.

---

bien dit !). Au bout de 15 min (lorsque le soufflé commence à dorer), baisser le four à 180 °C (th. 6).

● Servir aussitôt avec une spatule ou une grande cuillère, accompagné d'une belle salade de laitue.

Variante

Utilisez 1/3 de comté, 1/3 de parmesan et 1/3 de beaufort.

Le conseil de Julie

– Vous pouvez préparer la béchamel à l'avance et faire cuire le soufflé au dernier moment.
– Vous pouvez aussi acheter 1 brique de 20 cl de béchamel toute prête.

Que faire des restes ?

Mélangez-les à des œufs battus et faites cuire en omelette.

tartiflette

Plus conviviale qu'un tête-à-tête au coin du feu et plus efficace que la bouillotte, je conseille une soirée tartiflette pour se réchauffer les soirs d'hiver. À accompagner impérativement d'un bon vin blanc de Savoie (chignin, mondeuse ou apremont). Libre à vous de tartifler toute l'année, mais sachez que la saison du reblochon s'étend de juin à décembre.

Pour 6 personnes

Préparation : 10 min
Cuisson : 35 min

Ingrédients

1 reblochon au lait cru, bien fait
1,5 kg de pommes de terre à chair ferme fraîches ou pelées cuites sous vide
150 g de lardons fumés
3 oignons (500 g d'oignons émincés surgelés)
1 gousse d'ail
40 g de beurre
2 cuil. à soupe d'huile d'olive
Sel et poivre du moulin

Matériel

1 casserole, 1 plat allant au four (en terre, si possible), 1 poêle

Calories : 610 kcal/pers

● Porter à ébullition une grande quantité d'eau salée. Laver les pommes de terre et les faire cuire dans leur peau 10 min à partir de la reprise de l'ébullition. Égoutter et laisser tiédir.

● Pendant ce temps, éplucher et émincer les oignons. Frotter les parois d'un plat allant au four avec une gousse d'ail coupée en deux. Beurrer le plat avec 20 g de beurre. Préchauffer le four à 210 °C (th. 7).

● Éplucher les pommes de terre et les couper en rondelles épaisses. Faire chauffer l'huile d'olive et le beurre restant dans une poêle. Faire blondir les lardons et les oignons pendant 5 min à feu moyen en remuant souvent. Baisser légèrement la chaleur du feu, ajouter les pommes de terre et poursuivre la cuisson pendant 10 min. Saler légèrement et poivrer généreusement.

● Verser le contenu de la poêle dans le plat beurré. Couper le reblochon en deux dans l'épaisseur, puis en lanières épaisses et les répartir sur les pommes de terre, croûte vers le haut. Enfourner et laisser cuire jusqu'à ce que le fromage ait complètement fondu (10 min environ).

● Servir immédiatement dans le plat de cuisson, accompagné d'une salade de mâche assaisonnée à l'huile de noisette.

Variante

Remplacez le reblochon par de l'abondance, du cantal ou de la tomme.

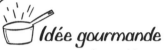

Idée gourmande

Versez un verre de vin blanc sec de Savoie dans la poêle des pommes de terre 5 min avant la fin de la cuisson.

Le conseil de Julie

Les pommes de terre idéales pour ce plat sont la belle de Fontenay, la ratte ou la BF 15.

Crème anglaise

Un classique pâtissier que l'on peut servir à toutes les sauces.

Pour 6 personnes

Préparation : 5 min
Cuisson : 15 min

Ingrédients
1 litre de lait entier
100 g de sucre
7 jaunes d'œufs
1 cuil. à soupe d'extrait
de vanille

Matériel
1 casserole, 1 saladier

Calories : 240 kcal/pers

Conservation
2 jours au réfrigérateur
dans un bocal fermé.

Muscat de beaumes-
de-venise (vin doux
naturel), servir à 10°

Idée gourmande

Ajoutez 1 cuil. à
soupe de rhum
après cuisson.

- Dans une casserole, mélanger le lait, le sucre et la vanille, porter doucement à ébullition et retirer du feu.

- Battre les jaunes d'œufs à la fourchette dans un grand saladier et verser dessus un petit peu de lait bouillant. Mélanger à l'aide d'une spatule en bois et continuer d'incorporer le lait en filet. Transvaser aussitôt le tout dans la casserole.

- Faire cuire la crème à feu doux, sans cesser de remuer et en évitant l'ébullition. Arrêter la cuisson quand la crème nappe la cuillère (passer un doigt dans le creux de la cuillère : si la trace reste visible, c'est cuit). Retirer du feu et laisser refroidir en remuant de temps en temps.

- Placer la crème au réfrigérateur jusqu'à l'emploi.

Variante

Crème anglaise au chocolat, crème anglaise au café. Remplacez la vanille par 3 cuil. à soupe de cacao en poudre ou de café soluble, selon le parfum choisi.

Le conseil de Julie

Si la crème a cuit quelques minutes de trop et qu'elle forme des grumeaux, passez-la quelques secondes au mixeur.

décors en chocolat

Pour ces décors, utilisez un chocolat en tablette à 50-55 % de cacao. Au-delà de 60 %, il serait sec et cassant.

Pour 1 gâteau

Copeaux

Pour que le chocolat soit facile à travailler, sortir la tablette 1 h avant de préparer les copeaux, ou la passer 15 s au four à micro-ondes (à faible puissance). Faire glisser un couteau économe ou une mandoline le long de la tablette en appuyant bien fort et déposer les copeaux sur le dessert.

Cigarettes

Faire fondre 100 g de chocolat au bain-marie ou au micro-ondes (2 à 3 min en décongélation) et l'étaler en plaque sur une surface plane et froide (marbre, par exemple). Laisser durcir 5 à 10 min et racler la plaque avec une spatule fine inclinée à 45°. Si le chocolat se brise, passer la spatule 5 s sous l'eau chaude.

feuilles en chocolat

Faire fondre le chocolat comme pour les cigarettes. Nettoyer des feuilles de houx, couper les piquants et couvrir la surface interne de chocolat fondu. Laisser durcir quelques minutes au réfrigérateur, détacher la feuille de chocolat et la déposer sur le dessert.

Le conseil de Julie

Conservez vos décors à température ambiante, dans une boîte hermétique, dans un endroit sec et frais (cave, garde-manger…)

Charlotte au chocolat

C'est la version la plus simple de ce dessert d'enfance : du chocolat, des biscuits et du café. Pas de fioritures. Une amie m'a fait le plus beau compliment, à la première bouchée, elle s'est exclamée : « On dirait la charlotte de ma grand-mère ! » À vos fouets, si vous ne craignez pas les dîners empreints de nostalgie !

Pour 8 personnes

Préparation : 45 min
Repos : 12 h

Ingrédients
250 g de chocolat noir
(à 55 % de cacao au
minimum)
100 g de sucre en poudre
100 g de beurre + 10 g
pour le moule
4 jaunes d'œufs + 5 blancs
1 bol de café très fort
1 verre à liqueur de rhum
ou de cognac (4 cl environ)
30 biscuits à la cuillère
1 pincée de sel

Matériel
1 batteur électrique,
1 moule à charlotte
(ou moule à soufflé)

Calories : 480 kcal/pers

- Sortir le beurre du réfrigérateur. Préparer le café. Casser le chocolat en morceaux et le faire fondre au micro-ondes ou au bain-marie.

- Casser les œufs, réserver les jaunes et battre les blancs en neige ferme dans un saladier avec une pincée de sel. Quand ils sont bien montés, saupoudrer du sucre et continuer de battre quelques instants.

- Hors du feu, ajouter le beurre coupé en dés au chocolat fondu, puis les jaunes d'œufs un à un. Mélanger soigneusement.

- Verser le café et le rhum dans une assiette creuse. Beurrer le moule. Tremper rapidement chaque biscuit dans ce mélange et en tapisser les parois et le fond du moule.

- Mélanger délicatement les œufs en neige au chocolat fondu encore tiède en soulevant la masse avec une spatule. Verser la mousse dans le moule et recouvrir d'une couche de biscuits imbibés de café. Recouvrir de film alimentaire et placer au réfrigérateur 12 h au moins.

- Démouler la charlotte en la retournant sur un plat 10 min avant de servir.

🍷 Monbazillac
(Sud-Ouest),
blanc moelleux,
servir à 9-11°

Variante

Vous pouvez agrémenter votre charlotte de morceaux d'amandes, de noisettes grillées, ou encore de dés de fruits (poire, banane, fruits confits…).

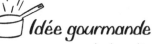

Idée gourmande

Accompagnez cette charlotte d'une *Crème anglaise au café* (p. 228).

Le conseil de Julie

Entreposez cette charlotte 45 min au congélateur pour la faire prendre plus rapidement, placez-la ensuite 3 h au réfrigérateur avant de servir.

tirami-sù

Il m'a fallu beaucoup d'efforts pour obtenir de mon amie Delphine la recette de son tirami-sù. Non qu'elle refuse d'en partager le secret, mais elle a pour habitude, comme les cuisinières passionnées, de le faire à l'œil. Très rapide à réaliser, ce dessert doit toutefois être préparé à l'avance. Si vous ne trouvez pas de mascarpone, utilisez une très bonne crème fraîche (dans un pot en verre, elles sont plus épaisses). Enfin, les biscuits à la cuillère peuvent être remplacés par une génoise toute prête achetée au supermarché sur laquelle vous verserez votre tasse de café. Presque trop facile.

Pour 6 personnes

Préparation : 30 min
Repos : 7 h

Ingrédients
30 biscuits à la cuillère
(200 g environ)
ou 1 génoise toute prête
coupée en deux dans
l'épaisseur
250 g de mascarpone
100 g de sucre vanillé (ou,
à défaut, sucre en poudre)
20 cl de café fort
3 cuil. à soupe de cognac
(2 cl environ)
4 œufs
50 g de chocolat noir à
60 % de cacao au minimum

• Sortir les œufs et le mascarpone du réfrigérateur 30 min avant de préparer le gâteau.

• Casser les œufs, séparer blancs et jaunes dans deux saladiers et fouetter les jaunes avec le sucre vanillé pendant 2 min jusqu'à ce qu'ils soient jaune pâle. Ajouter le mascarpone et fouetter jusqu'à ce que la préparation soit homogène.

• Hacher le chocolat à l'aide d'un couteau à dents.

• Monter les blancs en neige ferme avec une pincée de sel. Les mélanger délicatement à la préparation en les soulevant avec une spatule.

• Dans un bol, verser le café et le cognac. En imbiber rapidement la moitié des biscuits et les aligner dans le fond du moule. Étaler la moitié de la crème au mascarpone sur les biscuits et parsemer de la moitié du chocolat râpé. Recommencer l'opération sans recouvrir de chocolat. Couvrir le moule à l'aide d'un film alimentaire et laisser le dessert se raffermir au réfrigérateur pendant au moins 7 h.

Matériel

1 batteur électrique,
2 saladiers,
1 couteau à dents,
1 moule carré de 20 cm de
côté (ou rectangulaire),
film alimentaire

Calories : 480 kcal/pers

Conservation

2 jours au réfrigérateur.
Peut être congelé. Laissez
décongeler 3 h au
réfrigérateur.

Banyuls tradition
(vin doux naturel),
servir à 15°

● Avant de servir, répartir le reste du chocolat sur le dessus du gâteau.

Variante

Remplacer le chocolat par du cacao en poudre non sucré et le cognac par de l'amaretto ou du marsala.

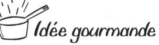

Idée gourmande

Entreposez le tirami-sù au congélateur 20 min avant de servir, il paraîtra plus léger.

Le conseil de Julie

Vous pouvez réaliser ce dessert la veille, à condition de ne décorer le tirami-sù de chocolat râpé qu'au dernier moment.

brownies

C'est probablement le brownie qui m'a amenée à faire mes premières expériences culinaires. De retour d'un voyage aux États-Unis, je m'étais mis en tête de retrouver les proportions de ce gâteau au chocolat, le meilleur dans la catégorie basique, selon moi. Après quelques échecs, j'ai arrêté cette recette dans ma mémoire de gourmande. La rançon du sucès ? Les copines veulent toujours en emporter un morceau chez elles (pour le goûter de Jules, tu parles !). De toute façon, c'est tellement simple à préparer que l'on pourrait presque en refaire un le lendemain pour son goûter à soi tout seul. Na !

Pour 6 personnes

Préparation : 15 min
Cuisson : 30 min

Ingrédients

200 g de chocolat noir
(à 55 % de cacao au
minimum)
130 g de beurre + 10 g
pour le moule
150 g de sucre
1 sachet de sucre vanillé
70 g de farine
3 œufs
100 g de cerneaux de noix
1 pincée de sel

Matériel

2 casseroles, 1 saladier,
1 moule carré de taille
moyenne

Calories : 640 kcal/pers

noir c'est noir

● Sortir le beurre du réfrigérateur. Préchauffer le four à 150 °C (th. 5). Casser le chocolat en morceaux dans une petite casserole. Le faire fondre à feu très doux, au bain-marie ou au micro-ondes.

● Mélanger le beurre coupé en morceaux, le sucre et le sucre vanillé jusqu'à l'obtention d'un mélange crémeux. Incorporer les œufs un par un en mélangeant à chaque fois. Tamiser la farine, ajouter la pincée de sel et mélanger à nouveau.

casser la noix...

● Incorporer le chocolat fondu et les noix concassées grossièrement. Beurrer et fariner le moule. Verser la préparation et enfourner. Laisser cuire 30 min. Laisser tiédir avant de servir.

● Ou encore : laisser tiédir 10 min, démouler, laisser refroidir complètement avant de découper des carrés de 4 cm de côté et présenter en caissettes.

Conservation

2 jours à température ambiante, 3 à 4 jours au réfrigérateur. Peut être congelé. Dans tous les cas, prenez soin de bien les emballer dans du film alimentaire ou un torchon.

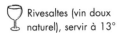 Rivesaltes (vin doux naturel), servir à 13°

Variante

Remplacer les noix par des **amandes** ou des **pignons**.

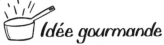 *Idée gourmande*

Ajoutez une poignée de raisins secs à la préparation au chocolat pour obtenir des brownies encore plus moelleux.

Le conseil de Julie

Évitez de remuer le chocolat avant qu'il ne soit totalement fondu, il ferait des grumeaux.

truffon au chocolat
et aux noisettes grillées

J'ai hésité à faire figurer cette recette dans le livre de peur qu'elle ne paraisse simplette. Mais pourquoi le meilleur devrait-il être le plus compliqué ? Par « truffon », entendez pavé très très chocolat, fourré de petites choses croquantes. À réserver à ceux qui ne s'épanouissent que dans le noir !

Pour 6 personnes

Préparation : 10 min
Cuisson : 7-8 min

Ingrédients

250 g de chocolat noir (à 55 % de cacao au minimum)
2 cuil. à soupe de cacao en poudre non sucré
75 g de beurre + 1 noix pour le moule
4 cuil. à soupe de lait concentré sucré
1 œuf
75 g de noisettes

Pour la crème anglaise
Recette p. 228

Matériel

1 saladier, 1 casserole, 1 poêle, 1 mortier ou 1 hachoir, 1 moule à gâteau de 25 cm de diamètre environ

● Casser le chocolat en morceaux dans un saladier, et faire fondre au bain-marie ou au micro-ondes.

● Dans une poêle, faire griller les noisettes à feu moyen jusqu'à ce qu'elles soient dorées (7-8 min). Laisser tiédir.

● Retirer le chocolat du feu, ajouter le beurre coupé en morceaux et remuer jusqu'à ce qu'il soit fondu. Verser le lait concentré sucré et 2 cuil. à soupe de cacao en poudre. Mélanger soigneusement. Ajouter 1 œuf entier en continuant de mélanger.

● Concasser grossièrement les noisettes au mortier ou au hachoir. Les incorporer au chocolat. Beurrer le moule et y verser la préparation. Placer au congélateur pendant 2 h (pas plus, sinon il serait totalement congelé) ou 6 h au réfrigérateur.

● Sortir le gâteau 15 min avant de servir, le démouler sur un plat et servir sans attendre. Présenter une crème anglaise (recette p. 228) à part.

Variante

Truffon au chocolat et aux amandes grillées. Remplacez les noisettes par des amandes.

Calories : 480 kcal/pers

Conservation
3 à 4 jours dans un
réfrigérateur bien froid ou
plusieurs mois au
congélateur.

Jurançon moelleux
(Sud-Ouest),
servir à 9-11°

Le conseil de Julie

Faites tremper le moule quelques secondes dans de l'eau chaude avant
de servir, le démoulage sera facilité. Attention ! ce gâteau se consomme
glacé, veillez à ne pas le faire attendre trop longtemps à température
ambiante.

soufflé au chocolat

Le soufflé, c'est le dessert minute, impossible à cuire d'avance. Alors, pour éviter que vous ne passiez votre dîner en cuisine, préparez avant le mélange au chocolat mais ne montez les blancs qu'au dernier moment, leur durée de vie ne dépassant pas trois minutes. Selon l'humeur, vous pouvez ajouter un peu de kirsch ou de Cointreau, ça impressionne toujours.

Pour 6 personnes

Préparation : 15 min
Cuisson : 25 min

Ingrédients
250 g de chocolat noir
(à 55 % de cacao au
minimum)
6 œufs
100 g de sucre en poudre
1 cuil. à soupe de cacao en
poudre Van Houtten
1 sachet de sucre vanillé
40 g de farine
(2 cuil. à soupe bombées)
15 g de beurre
1 cuil. à soupe de sucre
glace
1 pincée de sel

Matériel
1 saladier, 1 casserole
(pour le bain-marie),
1 batteur électrique,

● Préchauffer le four à 180 °C (th. 6). Casser le chocolat en morceaux dans un saladier, ajouter 3 cuil. à soupe d'eau et faire fondre au bain-marie ou au micro-ondes.

● Casser les œufs, verser les blancs dans un saladier et incorporer les jaunes au chocolat fondu en mélangeant soigneusement. Ajouter le reste du sucre, le sucre vanillé, le cacao en poudre et la farine en pluie.

● Monter les blancs en neige avec une pincée de sel. Quand ils sont bien montés, ajouter 40 g de sucre et continuer de battre quelques secondes. Les ajouter délicatement au chocolat en soulevant la préparation avec une spatule pour ne pas les casser.

● Beurrer et sucrer légèrement le fond et les parois du moule. Y verser la préparation, enfourner et laisser cuire 25 min sans ouvrir la porte du four. Si le soufflé n'a pas suffisamment monté, augmenter la chaleur du four et prolonger la cuisson de quelques minutes. Saupoudrer le soufflé de sucre glace et servir dès la sortie du four.

Variante

Utilisez des moules à soufflé individuels (ou des bols allant au four) et faites cuire 15 min.

1 moule à soufflé de 18 cm de diamètre (ou un saladier à fond plat)

Calories : 390 kcal/pers

Conservation
On ne ressert pas un soufflé, mais je vous fais confiance pour ne pas en laisser une seule cuillerée.

Muscat de Frontignan (vin doux naturel), servir à 10°

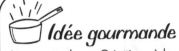

Idée gourmande
Ajoutez quelques Griottines à la préparation.

Le conseil de Julie
Ne laissez pas le chocolat refroidir, il durcirait et ne pourrait plus se mélanger aux blancs d'œufs.

bombe
au chocolat et aux griottes

La préparation est un peu longue, mais vos efforts seront récompensés lorsque vous présenterez ce dôme au dessin parfait. Pour réussir votre effet, dites que c'est l'œuvre du pâtissier. S'il est raté, on ne vous en tiendra pas rigueur, et si c'est un carton, l'effet sera d'autant plus détonant. Un dessert de grand soir idéal pour convaincre un patron ou se mettre belle-maman dans la poche.

🐷 ♪♪♪

Pour 10 personnes

Préparation : 45 min
Cuisson : 8 min
Réfrigération : 10 h

Calories : 520 kcal/pers

Ingrédients

Pour le biscuit
100 g de sucre
40 g de farine
20 g de cacao en poudre
2 œufs
50 g de beurre

Pour la mousse
50 cl de crème fraîche liquide
200 g de griottes au sirop
400 g de chocolat noir (à 55 % de cacao au minimum)
2 œufs + 5 jaunes
130 g de sucre glace

Pour le décor
Cacao en poudre sans sucre
Sucre glace

tendre est le biscuit

● Préchauffer le four à 210 °C (th. 7) après avoir retiré la plaque pour éviter qu'elle ne chauffe.

● Faire fondre 45 g beurre dans une petite casserole sur feu très doux.

● Casser les œufs en plaçant blancs et jaunes dans deux saladiers différents. Fouetter les jaunes à la fourchette avec 50 g de sucre jusqu'à ce que le mélange blanchisse. Verser le beurre fondu sur les jaunes battus, saupoudrer de farine et de cacao et mélanger.

● Battre les blancs fermes avec une pincée de sel, ajouter le reste du sucre et continuer soigneusement de battre quelques instants. Incorporer délicatement les blancs à la préparation en soulevant avec une spatule.

● Beurrer une feuille de papier sulfurisé avec le reste du beurre. Y étaler la préparation de façon à former un rond d'au moins 20 cm diamètre. Poser la feuille sur la plaque du four et faire cuire 8 min. Réserver à température ambiante.

● Égoutter les griottes et en réserver le jus.

l'ai-je bien battue?

● Préparer la mousse. Verser la crème fraîche liquide dans un saladier et entreposer au congélateur 10 min environ.

Matériel

2 saladiers moyens,
1 batteur électrique,
2 petites casseroles, papier
sulfurisé, film alimentaire,
1 saladier à fond rond de
22 cm de diamètre

Conservation

3 jours au réfrigérateur,
couvert d'un film
alimentaire. Peut être
congelée à condition de la
laisser dégeler 8 h au
réfrigérateur.

 Porto, servir à 13°

Idée gourmande

Avant de servir,
décorez votre
bombe de *Copeaux
de chocolat*
(p. 229).

● Casser le chocolat en petits morceaux et le faire fondre au bain-marie avec 2 cuil. à soupe d'eau, sans remuer (pour éviter les grumeaux). Retirer du feu et laisser tiédir.

● Fouetter les œufs entiers, les jaunes et le sucre glace au fouet électrique. Verser ce mélange sur le chocolat fondu, ajouter les griottes et mélanger soigneusement.

● Sortir la crème du congélateur, la fouetter en chantilly et l'ajouter délicatement à la crème au chocolat.

bombe gastronomique

● Tapisser le saladier de film alimentaire. Le remplir aux 2/3 de mousse au chocolat. Découper un disque de 18 cm de diamètre dans le biscuit et le disposer sur la mousse. L'imbiber d'une dizaine de cuil. à soupe de sirop de griotte, couvrir du reste de mousse et tapisser le dessus des restes de biscuits coupés en morceaux. Les imbiber de la même quantité de sirop, recouvrir le saladier de film alimentaire et mettre au réfrigérateur 12 h au moins.

● Démouler la bombe sur un plat, poudrer de cacao, puis d'un léger nuage de sucre glace. Servir sans attendre.

Le conseil de Julie

– Pour gagner du temps, faites fondre le beurre et le chocolat au micro-ondes.
– Pour ne pas avoir à préparer le biscuit, vous pouvez aussi acheter une génoise toute prête.

moelleux de carottes
aux épices et aux noix

Cousin américain du pain d'épices, ce gâteau inattendu est adouci par la note sucrée des carottes. Ne dépassez pas le temps de cuisson, il doit rester souple et onctueux (moelleux, qu'on vous dit !). À servir avec un thé à la cannelle ou à la vanille.

Pour 8 personnes

Préparation : 30 min
Cuisson : 40 min

Ingrédients
500 g de carottes
220 g de cassonade
150 g de beurre + 10 g
pour le moule
100 g de cerneaux de noix
50 g de poudre d'amande
130 g de farine + quelques
pincées pour le moule
4 œufs
1/2 citron
4 pincées de noix muscade
4 clous de girofle
1/2 cuil. à café de cannelle
en poudre
1/2 cuil. à café de vanille
en poudre (ou, à défaut,
1 sachet de sucre vanillé)
1 sachet de levure chimique

Matériel
1 petite casserole, 2 plats
creux, 1 râpe, 1 fouet

• Préchauffer le four à 180 °C (th. 6). Gratter, laver et sécher les carottes avant de les râper.

• Faire fondre le beurre dans une petite casserole, sur feu très doux. Râper le zeste du citron en évitant la partie blanche, très amère. Écraser les clous de girofle. Casser les œufs, verser les blancs dans un plat creux et les jaunes dans un autre, un peu plus grand. Battre le sucre et les jaunes à la fourchette jusqu'à ce que le mélange blanchisse. Verser le beurre fondu, mélanger puis ajouter les carottes râpées, les noix concassées, la farine, la levure, la poudre d'amande, 1 cuil. à café de zeste de citron râpé, les épices, la vanille et mélanger jusqu'à l'obtention d'un mélange homogène.

• Battre les blancs d'œufs en neige ferme avec une pincée de sel et les incorporer délicatement à la préparation en soulevant le tout avec une spatule. Beurrer le moule et le saupoudrer de farine. Verser la pâte et faire cuire 40 min. Laisser refroidir avant de démouler.

Variante

– Remplacez les noix par 50 g de raisins secs et réduisez légèrement la quantité de sucre.
– Remplacez la cassonade par du sucre blanc et ajoutez 1 cuil. à soupe de rhum.

électrique, 1 moule à bord haut (moule à savarin, par exemple)

Calories : 480 kcal/pers

Conservation
Soigneusement emballé, ce gâteau peut être conservé 15 jours au réfrigérateur ou 1 mois au congélateur. Laissez décongeler à température ambiante.

 Jerez (Espagne), servir à 13°

– Vous pouvez préparer ce gâteau sans épices, il n'en reste pas moins savoureux.

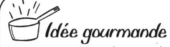 *Idée gourmande*

Nappez ce gâteau de marmelade d'oranges diluée avec un peu d'eau ou entourez-le d'un cordon de compote de pommes.

Le conseil de Julie

Pour gagner du temps, râpez ou hachez les carottes au robot électrique.

fondant
de pommes au miel

Ce dessert est né d'une envie de tarte Tatin. J'avais entrepris de suivre scrupuleusement la recette des fameuses sœurs jusqu'à ce que je m'aperçoive que j'étais à court de pâte feuilletée. Qu'à cela ne tienne, j'aurais ma tarte (sans pâte à tarte) et mon tour de hanches me dirait merci. Juste un petit coulis au miel pour le moral, et mon fondant de pommes était né. D'accord, pas de quoi crier au génie, mais on tire toujours une certaine fierté de ses erreurs rattrapées. Conseil du jour : fermez ce livre de cuisine, débridez vos instincts créatifs et mélangez tout ce que vous avez dans votre réfrigérateur. Le résultat aura au moins le mérite d'être personnel.

Pour 4 personnes

Préparation : 20 min
Cuisson : 1 h
Réfrigération : 2 h

Ingrédients

1,5 kg de pommes
(reinette ou golden)
35 g de sucre roux
25 g de beurre + 1 noix
pour le moule
2 cuil. à soupe de rhum
brun
1/2 cuil. à café de vanille
en poudre
1/2 cuil. à café de cannelle

Pour le coulis au miel
100 g de miel

● Préchauffer le four à 180 °C (th. 6). Beurrer le moule. Mélanger le sucre brun et la vanille en poudre.

● Peler les pommes et les couper en quatre, retirer le cœur et couper chaque quartier en quatre lamelles dans le sens de la longueur. Ranger ces lamelles dans le moule. Entre chaque couche, parsemer de morceaux de beurre, de cannelle et de sucre « vanillé ». Verser le rhum sur les pommes et couvrir le moule avec une feuille de papier d'aluminium. Faire cuire 1 h.

● Sortir le gâteau du four, le laisser refroidir et l'entreposer 2 h au moins au réfrigérateur.

● 5 min avant de servir, préparer le coulis au miel. Verser le miel dans une petite casserole et porter à ébullition sur feu moyen. Dès qu'il commence à caraméliser, ajouter le beurre et la crème. Ramener à ébullition, laisser bouillir 1 min et retirer du feu.

● Démouler le gâteau sur le plat de service. Napper chaque part de coulis.

25 g de beurre demi-sel
1 bonne cuil. à soupe de
crème fraîche

Matériel
1 moule à bord haut de
20 cm de diamètre,
1 terrine, 1 petite casserole,
papier d'aluminium

Calories : 440 kcal/pers

Conservation
2 jours au réfrigérateur.
Peut être congelé.

Vouvray moelleux
(vallée de la Loire,
Touraine), servir à 8-10°

Variante

Remplacez le miel par du sirop d'érable et le coulis au miel par un caramel au beurre salé, que vous trouverez dans la *Tarte au caramel et au
beurre salé* (p. 270).

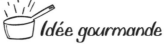

Idée gourmande

Pour jouer le rapport croquant-fondant, répartissez des sablés émiet-
tés sur les parts de gâteau avant de les napper de sauce.

Le conseil de Julie

Mélangez plusieurs variétés de pommes, excepté les granny smith
(pommes vertes), trop acides.

strudel
aux pommes

Une pâtisserie autrichienne qui mêle des saveurs et des textures très différentes. C'est un de mes desserts favoris, mais j'ai rarement le courage de confectionner la pâte moi-même. Mon arme secrète s'appelle la pâte à filo (en vente dans les épiceries grecques et exotiques), pratique, légère et follement croustillante.

Pour 4 personnes

Préparation: 25 min
Cuisson : 20 min

Ingrédients
8 feuilles de pâte à filo
(dans les épiceries
orientales)
3 pommes moyennes
50 g de raisins secs
50 g de cerneaux de noix
concassés
20 g de chapelure
(4 cuil. à café)
100 g de sucre roux
70 g de beurre
3 cuil à soupe d'amandes
effilées
5 cuil. à soupe de rhum ou
de cognac
1,5 cuil. à café de vanille
en poudre
2 cuil. à café de cannelle
en poudre
1 pincée de sel

● Éplucher les pommes et les couper en dés. Dans un saladier, verser 2 cuil. à soupe d'amandes effilées, les raisins secs, les noix et les dés de pomme. Ajouter le rhum, mélanger et laisser macérer 15 min (au moins).

● Préchauffer le four à 180 °C (th. 6) après avoir retiré la plaque. Faire fondre 40 g de beurre dans une grande poêle. Verser le mélange de fruits secs, les pommes, ajouter 30 g de sucre roux, la cannelle, la vanille et le sel. Laisser cuire 10 min en remuant souvent.

● Faire fondre le reste du beurre sur feu doux ou au micro-ondes. Poser une feuille de filo sur une surface plane, la badigeonner de beurre fondu (au pinceau ou avec les doigts) et la saupoudrer d'un peu de sucre. Recouvrir d'une deuxième feuille beurrée et sucrée. Saupoudrer d'une cuil. à café de chapelure et répartir une rangée de pommes sur le haut de la feuille. Rouler soigneusement la pâte sur elle-même de façon à enfermer les pommes et à obtenir un rouleau. Répéter 3 fois l'opération. Conserver un peu de beurre et de sucre pour la fin.

● Déposer les rouleaux sur un plat à four beurré. Badigeonner le dessus de la pâte de beurre fondu et de sucre, puis parsemer d'une cuil. à soupe d'amandes effilées. Enfourner et laisser cuire 20 min. Servir chaud ou tiède.

Variante

Remplacez le rhum par du **cognac** ou du **calvados**, et les feuilles de pâte à filo par des **feuilles de brick**.

Idée gourmande

Servi bien chaud, le strudel est inséparable d'une boule de glace vanille. Vous pouvez également proposer de la crème fraîche, mais évitez la crème anglaise, trop liquide.
Si vous avez le temps, faites dorer les amandes et les noix à la poêle avant de les faire macérer.

Le conseil de Julie

Ne laissez pas la pâte à filo trop longtemps hors de son sachet, elle se dessèche très vite.

quatre-quarts
aux poires

Je n'ai pas vraiment respecté le principe du quatre-quarts (œufs, sucre, farine et beurre en même quantité), mais la douceur des poires remplace avantageusement le sucre. Ne craignez pas d'utiliser des poires au sirop, leur côté confit se prête très bien à cette recette. Contrairement au quatre-quarts nature, celui-ci doit être conservé au réfrigérateur et dégusté rapidement (s'il en reste !).

Pour 8 personnes

Préparation : 15 min
Cuisson : 50 min

Ingrédients
200 g de farine
200 g de beurre + 15 g
pour le moule
4 œufs
160 g de sucre
1 sachet de sucre vanillé
1 sachet de levure chimique
1 petite boîte de poires au
sirop (ou 3 petites poires
bien mûres)
1 pincée de sel

Matériel
2 saladiers, 1 fouet
électrique, 1 moule à cake

Calories : 440 kcal/pers

● Préchauffer le four à 200 °C (th. 6-7). Beurrer le moule et le placer au frais. Faire fondre le beurre à feu doux ou au micro-ondes.

● Casser les œufs et placer blancs et jaunes dans 2 saladiers différents. Fouetter les jaunes avec le sucre et le sucre vanillé jusqu'à ce que le mélange blanchisse.

● Ajouter le beurre fondu et mélanger soigneusement. Mélanger la farine et la levure et verser dans la préparation aux jaunes d'œufs.

● Battre les blancs en neige ferme avec une pincée de sel et les incorporer à la préparation en soulevant avec une spatule.

● Égoutter les demi-poires et les couper en deux. Étaler les 2/3 de la préparation dans le moule, poser les quartiers de poires côte à côte et verser le reste de la préparation. Lisser le dessus et enfourner. Laisser cuire 15 min, baisser à 170 °C (th. 5-6) après 15 min de cuisson. Laisser tiédir avant de démouler.

Variante

Quatre-quarts aux pêches. Remplacez les poires par des pêches.

Conservation

3 jours au réfrigérateur.
Peut être congelé.

 Champagne demi-sec,
servir à 8-10°

 *Idée gourmande*

Ajoutez le zeste râpé d'un demi-citron.

Le conseil de Julie

Si la préparation vous paraît trop épaisse, ajoutez 3 cuil. à soupe du jus
des poires avant d'incorporer les blancs d'œufs.

Crumble
aux fruits rouges

Une envie soudaine de gâteau s'empare de vous, mais vous n'avez pas d'œufs dans votre réfrigérateur. Rien n'est perdu, il vous reste la solution crumble. Un dessert d'outre-Manche que l'on peut faire tout au long de l'année avec des fruits de saison. Si vous n'avez pas non plus de farine (là, il serait temps d'aller faire les courses !), vous pouvez utiliser du pain séché que vous réduirez en poudre au mixeur.

Pour 6 personnes

Préparation : 15 min
Cuisson : 30 min

Ingrédients
750 g de fruits rouges
mélangés frais ou surgelés
(myrtilles, groseilles, fraises,
framboises, mûres…)
1/2 citron
200 g de farine
125 g de sucre roux
125 g de beurre + 1 noix
pour beurrer le moule
2 cuil. à soupe de sirop
d'érable ou de miel
1 cuil. à café de cannelle
1 pincée de sel

Matériel
1 râpe, 1 moule à tarte (ou
rectangulaire), 1 saladier

Calories : 440 kcal/pers

• Sortir le beurre du réfrigérateur pour qu'il ramollisse. Préchauffer le four à 210 °C (th. 7).

• Épousseter et égrapper les fruits rouges. Râper le zeste du demi-citron et le mélanger aux fruits. Beurrer généreusement le moule et répartir les fruits dans le fond. Verser le sirop d'érable ou le miel sur les fruits.

• Dans un saladier, verser la farine, le sucre roux, la cannelle, le sel et ajouter le beurre coupé en morceaux. Mélanger rapidement du bout des doigts jusqu'à ce que la préparation soit sablonneuse.

• Répartir ce crumble sur les fruits, enfourner et laisser cuire 30 min. Servir tiède ou froid.

Idée gourmande
Servez avec de la crème fraîche ou un coulis préparé en chauffant 3 cuil. à soupe de gelée de groseille et 4 cuil. à soupe de vin de muscat pendant quelques minutes dans une casserole.

Conservation

2 à 3 jours dans le réfrigérateur. Peut être congelé cru : faites décongeler, puis laissez cuire encore 30 min à 210 °C (th. 7) ; ou cuit : laissez décongeler à four moyen 160 °C (th. 5-6) pendant 20 min.

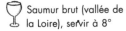 Saumur brut (vallée de la Loire), servir à 8°

Le conseil de Julie

– Si vous ne trouvez pas de fruits rouges frais, utilisez des surgelés après les avoir poêlés pour les vider de leur eau.

– Veillez à ne pas râper la partie blanche située sous l'écorce du citron qui est très amère.

gâteau glacé
au café et à la noix de coco

Ce gâteau glacé impressionne toujours. Quand on le découpe, on découvre des couches successives de biscuits, de glace, de noix de coco et de chocolat. Différences de couleurs, de textures et de parfums pour un effet assuré. Le plus difficile étant peut-être de bien choisir votre glace au supermarché, le reste est un jeu d'enfant. La confection de ce gâteau fut l'occasion pour moi de découvrir un antidépresseur précieux : l'odeur de la noix de coco poêlée. Vapeurs gourmandes impossibles à décrire, moi, ça me colle le sourire pour 48 heures. Je vous laisse essayer.

Pour 8 personnes

Préparation : 25 min
Congélation : 2 h 30

Ingrédients
130 g de biscuits secs (type petits-beurre)
1 litre de glace au café
100 g de chocolat noir +
30 g pour les copeaux
140 g de beurre
120 g de noix de coco râpée (en sachet)
1/2 cuil. à café
de cannelle

Matériel
1 moule à gâteau à fond amovible ou à cercle amovible de 20 à 25 cm

bonne pâte, les biscuits s'écrasent

● Sortir la glace du congélateur pour la ramollir. Faire fondre le beurre sur feu doux ou au micro-ondes. Écraser les biscuits secs et les mélanger au beurre fondu et à la cannelle. Étaler ce mélange dans le fond du moule et placer au réfrigérateur pendant 30 min.

Chocolat froid

● Pendant ce temps, casser le chocolat en morceaux et le faire fondre au bain-marie ou au micro-ondes avec 1 cuil. à soupe d'eau. Retirer du feu et ajouter 5 cuil. à soupe de noix de coco séchée. Laisser refroidir 15 min et ajouter 1/3 de la glace. Mélanger soigneusement. Sortir le moule du réfrigérateur et étaler le mélange sur les biscuits. Faire durcir au congélateur pendant 30 min.

ma noix a doré

● Faire dorer la noix de coco restante dans une poêle sans matière grasse en remuant fréquemment. Laisser refroidir.

de diamètre, 1 casserole et 1 récipient creux (bain-marie), 1 poêle

Calories : 570 kcal/pers

Conservation
3 mois au congélateur.

 Liqueur Tia Maria

Idée gourmande

Utilisez de la glace contenant des grains de café chocolatés.

● Sortir le moule du congélateur et étaler le reste de glace. Replacer au congélateur au moins 1 h 30.

● Sortir le gâteau du congélateur 10 min avant de le servir et le poser 30 s à fleur d'eau chaude pour le démouler plus facilement. Saupoudrer de coco poêlée et de *Copeaux de chocolat* (p. 229). Servir sans attendre.

Variante

Remplacez la glace au café par de la glace à la vanille et les petits-beurre par des speculoos ou des palets bretons.

Le conseil de Julie

– Pour écraser facilement les biscuits, utilisez un rouleau à pâtisserie ou un mortier.
– Si vous n'avez pas de moule à fond amovible, tapissez votre moule de film alimentaire pour démouler le gâteau plus facilement.

galette des rois
à la frangipane

Le mois de janvier, c'est toujours un peu la déprime : grisaille solidement ancrée, fin des vacances et pas de cadeaux de Noël avant un an. Heureusement, la galette des rois est là pour nous remonter le moral. Chaque année, j'en mange au moins dix dans le mois, d'autant que c'est un dessert très facile à préparer chez soi. Qu'est-ce qu'on ne ferait pas pour faire perdurer la tradition ? En ce qui concerne la fève, c'est encore Peau d'Âne qui avait eu la meilleure idée : l'anneau d'or… et en chantant, s'il vous plaît !

Pour 8 personnes

Préparation : 30 min
Cuisson : 40 min

Ingrédients

2 rouleaux de pâte
feuilletée prête à dérouler
(environ 250 g chacun)
140 g de sucre en poudre
130 g de beurre
130 g de poudre d'amande
4 œufs
2 cuil. à soupe de rhum
1 grosse pincée de vanille
en poudre

Matériel

2 saladiers, 1 fève

Calories : 520 kcal/pers

- Sortir le beurre du réfrigérateur pour qu'il ramollisse. Préchauffer le four à 210 °C (th. 7) après avoir retiré la plaque.

- Dans un saladier, verser 2 œufs entiers et 1 jaune (réserver le blanc), le sucre et le beurre ramolli. Écraser le tout à la fourchette jusqu'à l'obtention d'une pommade. Ajouter le rhum, la poudre d'amande et la vanille. Mélanger intimement.

- Dérouler un disque de pâte feuilletée sur la plaque du four en le laissant sur son papier de présentation. Étaler dessus la préparation aux amandes jusqu'à 1 cm du bord. Déposer la fève. Badigeonner le bord vierge de blanc d'œuf. Recouvrir avec le deuxième disque de pâte feuilletée et appuyer légèrement sur les bords pour les coller, puis les cranter à l'oblique avec la pointe d'un couteau. Tracer des losanges sur le dessus de la galette et piquer 3 à 4 trous jusqu'au fond à l'aide d'une pointe fine pour éviter que votre galette ne vire au soufflé. Battre le dernier œuf à la fourchette et en étaler la moitié sur le dessus de la pâte.

- Enfourner et laisser cuire 20 min. Sortir la galette du four et

Conservation
3 jours dans le réfrigérateur, enroulée dans un torchon. Réchauffez au four avant de servir.

🍷 Pacherenc du vic-bilh moelleux (Sud-Ouest), servir à 9°

étaler dessus le reste d'œuf battu. Faire cuire encore 20 min, jusqu'à ce qu'elle soit bien dorée. Servir tiède.

Variante

Remplacez le fourrage aux amandes par une confiture pas trop sucrée.

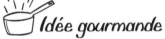
Idée gourmande

Vous pouvez enrichir le fourrage aux amandes de fruits frais (dés de pommes ou de poires) ou de fruits secs (pignons, noix, raisins).

Le conseil de Julie

– Pour vérifier la cuisson de la galette, soulevez-la. Si elle ne plie pas, elle est cuite.
– Quelques minutes avant la fin de la cuisson, saupoudrez-la de sucre glace pour lui donner un aspect encore plus brillant.

tarte feuilletée
aux figues

La figue est un fruit délicat et éphémère qui supporte mal les préparations compliquées. Je me contente de les ouvrir en fleur et de les déposer sur une pâte feuilletée recouverte d'une légère frangipane (crème d'amande). Si la confection d'une frangipane vous fait frissonner, vous trouverez des préparations toutes prêtes en sachet au rayon des aides pâtissières.

Pour 6 personnes

Préparation : 15 min
Cuisson : 25 min

Ingrédients
1 rouleau de pâte feuilletée
prêt à dérouler
800 g de figues bien mûres
20 g de beurre
40 g de sucre en poudre

Pour la crème d'amande
80 g de poudre d'amande
50 g de sucre glace
1/2 cuil. à café de vanille
en poudre
40 g de beurre ramolli
1 petit œuf
1 cuil. à café de rhum

Matériel
1 saladier

Calories : 500 kcal/pers

● Sortir le beurre du réfrigérateur pour qu'il ramollisse. Préchauffer le four à 210 °C (th. 7) après avoir retiré la plaque.

● Préparer la crème d'amande : verser la poudre d'amande, le sucre glace, la vanille et le beurre ramolli dans un saladier. Mélanger en écrasant à la fourchette jusqu'à ce que le mélange soit homogène. Ajouter l'œuf et le rhum et continuer de mélanger.

● Dérouler la pâte en la laissant sur son papier d'emballage et la placer sur la plaque du four. Rouler légèrement le bord sur lui-même et piquer la pâte de toutes parts avec une fourchette. Répartir la crème sur la pâte. Réserver.

● Laver et sécher les figues. Les tailler en trois dans le sens de la hauteur et les disposer harmonieusement sur le fond de tarte.

● Enfourner et laisser cuire 25 min. À mi-cuisson, parsemer la tarte de morceaux de beurre et de sucre en poudre. Servir tiède.

Variante

Tarte feuilletée aux prunes. Remplacez les figues par des prunes ou des reines-claudes, et le rhum par de l'eau-de-vie de prune.

desserts

Le conseil de Julie

Faites vous-même votre sucre glace en passant du sucre en poudre quelques secondes au mixeur.

tarte
à la grenade

La difficulté principale de cette recette consiste à égrener les grenades sans repeindre le plafond du même coup. On vous conseillera toutes les techniques : les ouvrir et taper dessus d'un coup sec (rien ne tombe, sauf la grenade, par terre), creuser l'intérieur avec une petite cuillère (impec pour une tarte à la bouillie de grenade)... Personnellement, je n'ai rien trouvé de mieux que de les couper en quatre et de gratter précautionneusement les cloisons avec ses doigts pour faire tomber les graines. Croyez-moi, leur explosion en bouche vaut toutes les patiences.

Pour 6 personnes

Préparation : 20 min
Cuisson : 55 min

Ingrédients

1 rouleau de pâte feuilletée
prêt à dérouler (environ
250 g)
1 grenade (ou 200 g de
graines)
2 grosses pommes (golden)
100 g de poudre
d'amande
50 g de pralin
50 g de beurre + 15 g
pour le moule
120 g de sucre roux
1 sachet de sucre vanillé

• Éplucher les pommes et les couper en dés. Faire fondre le beurre dans une casserole et verser le pralin, la poudre d'amande, le sucre roux, le sucre vanillé et les dés de pommes. Laisser cuire 15 min à feu doux (jusqu'à ce que le mélange soit légèrement desséché). Préchauffer le four à 200 °C (th. 6-7).

• Pendant ce temps, couper la grenade en quatre pour l'égrener.

• Beurrer le moule à tarte, dérouler la pâte feuilletée et en garnir le moule. Piquer le fond et le bord à la fourchette. Répartir la préparation aux pommes sur la pâte et parsemer des graines de grenade. Enfourner et laisser cuire 40 min. Servir tiède ou froid.

Variante

Remplacez le pralin par de la **noix de coco râpée**.

Matériel
1 hachoir, 1 casserole,
1 moule à tarte

Calories : 530 kcal/pers

Conservation
3 jours à température
ambiante, couvert d'un
linge. Peut être congelée.

Cérons (Bordelais,
Graves), moelleux,
servir à 9-11°

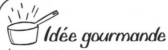 *Idée gourmande*

À la fin de la cuisson, ajoutez 1 cuil. à soupe d'eau de fleur d'oranger à la préparation aux pommes.

Le conseil de Julie

Faites revenir la poudre d'amande quelques minutes dans une poêle sèche pour en rehausser le goût.

tarte sablée
au raisin noir

La préparation de cette tarte est un peu longue car il faut égrener le raisin. Ce geste ne nécessitant pas une attention particulière, profitez-en pour vous distraire, sortez de votre cuisine, branchez la radio, allumez la télé, méditez, prenez une douche (non, là, c'est un peu audacieux !)... La cuisine doit toujours être un moment de détente. Petit conseil perso : ne transigez pas sur le diamètre du moule, la tarte doit être très, très fine, sinon les grains seraient submergés de crème et la pâte toute flétrie.

Pour 6 personnes

Préparation : 30 min
Cuisson : 30 min

Ingrédients
1 rouleau de pâte sablée prêt à dérouler (environ 250 g)
600 g de raisin muscat
2 œufs
15 g de beurre pour le moule
60 g de sucre
15 cl de crème fraîche liquide
1 cuil. à café d'extrait de vanille liquide

Matériel
1 moule à tarte de 30 cm de diamètre environ,
1 saladier

● Préchauffer le four à 200 °C (th. 6-7). Laver et sécher le raisin. Couper les grains en deux et les épépiner à l'aide d'un couteau pointu.

● Beurrer le moule et y déposer la pâte. Piquer le fond avec une fourchette. Répartir les grains de raisin bien serrés. Enfourner et laisser cuire 15 min.

● Pendant ce temps, dans un saladier, fouetter les œufs et le sucre jusqu'à ce que le mélange blanchisse. Ajouter la crème fraîche liquide, l'extrait de vanille et mélanger.

● Sortir la tarte du four et verser la crème sur les raisins. Enfourner de nouveau et laisser cuire 15 min supplémentaires. Servir tiède ou froide.

Variante

Remplacez la vanille liquide par de la vanille en poudre ou par une demi-cuil. à café de cannelle.

Calories : 415 kcal/pers

Conservation

3 jours au réfrigérateur ou
2 jours à température
ambiante.

Crémant de
Bourgogne, mousseux,
servir à 8°

Idée gourmande

Ajoutez 1 cuil. à soupe d'eau-de-vie à la crème aux œufs.

Le conseil de Julie

Si le bord de la tarte commence à foncer en cours de cuisson, recouvrez-la d'une feuille de papier d'aluminium.

tarte fine
à la mangue et au citron vert

Une tarte feuilletée légère, originale et pas sorcière à préparer. Pas besoin de moule à tarte, celle-ci cuit toute seule, à plat sur son papier de cuisson. De plus, il n'est pas indispensable d'avoir des mangues fraîches (c'est mieux, bien sûr, mais hors saison les mangues surgelées feront très bien l'affaire). Vous n'avez plus d'excuses pour servir des eskimos en guise de dessert.

Pour 6 personnes

Préparation : 15 min
Cuisson : 25 min

Ingrédients
1 rouleau de pâte feuilletée prêt à dérouler (environ 250 g)
2 mangues (ou 400 g de mangues surgelées)
1 citron vert
2 cuil. à soupe de sucre roux
1/2 cuil. à café de cannelle

Matériel
1 râpe

Calories : 245 kcal/pers

Conservation
2 jours au réfrigérateur. Réchauffez à four doux avant de servir.

- Sortir la pâte du réfrigérateur pour qu'elle ramollisse. Préchauffer le four à 200 °C (th. 6-7).

- Éplucher les mangues et les couper en lamelles fines.

- Dérouler la pâte sur sa feuille de cuisson. Rouler légèrement le bord sur lui-même. Piquer la pâte (et le bord) de plusieurs coups de fourchette.

- Râper le zeste du citron vert et le répartir sur le fond de tarte. Disposer les lamelles de mangue en rosace, du bord jusqu'au centre de la tarte.

- Dans un bol, mélanger la cannelle et le sucre roux. Saupoudrer le tout sur la tarte.

- Enfourner la plaque de cuisson et laisser cuire 25 min. Servir tiède ou froide.

Variante

Tarte fine à la papaye et au citron vert. Remplacez la mangue par de la papaye.

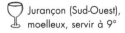 Jurançon (Sud-Ouest), moelleux, servir à 9°

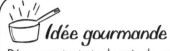 **Idée gourmande**

Décorez votre tarte de noix de coco râpée poêlée.

Le conseil de Julie

Évitez de râper la peau blanche située sous le zeste du citron, elle est très amère.

tarte
aux poires rouges

Imaginez : le feu qui crépite dans la cheminée (ou un bon disque, à défaut), une bouteille de vin rouge sur la table, pot-au-feu et tarte aux poires au menu. Voilà de quoi réchauffer votre hiver...

Pour 8 personnes

Préparation : 40 min
Cuisson : 1 h 10

Ingrédients
1 rouleau de pâte brisée
prêt à dérouler (environ
250 g)
4 poires mûres à point
1 bouteille de vin rouge
5 cuil. à soupe de crème
de cassis
3 œufs
300 g de sucre en poudre
225 g de poudre d'amande
175 g de beurre ramolli +
15 g pour le moule

Matériel
1 casserole, 1 moule à tarte
à bord amovible,
1 saladier

Calories : 620 kcal/pers

Conservation
2 jours au réfrigérateur.
Peut être congelée.

● Sortir le beurre du réfrigérateur pour qu'il ramollisse. Préchauffer le four à 210 °C (th. 7).

● Peler les poires, les couper en deux, retirer les pépins. Placer les demi-poires dans une casserole, verser le vin, la moitié du sucre et la crème de cassis. Porter à ébullition et laisser cuire 15 min. Vérifier la cuisson en les piquant avec la pointe d'un couteau : elle doit s'y enfoncer facilement. Laisser refroidir les poires dans leur sirop.

● Beurrer le moule et y dérouler la pâte brisée.

● Dans un saladier, mélanger le beurre ramolli et le reste du sucre. Incorporer les œufs un par un et verser la poudre d'amande. Mélanger soigneusement et étaler cette préparation sur la pâte. Répartir dessus les demi-poires égouttées face bombée vers le haut et les enfoncer légèrement.

● Enfourner, laisser cuire 20 min, puis baisser le four à 180 °C (th. 6) et poursuivre la cuisson 35 à 40 min. Servir tiède ou froide.

Variante

Tarte aux prunes et au vin. Remplacez les poires par des prunes bien mûres et ajoutez au vin de cuisson le jus et le zeste râpé d'une orange.

Saumur-champigny
(vallée de la Loire),
rouge, servir à 14°

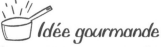

Idée gourmande

Servez cette tarte accompagnée d'une crème fraîche épaisse battue avec un peu de sirop de cassis.

Le conseil de Julie

Si vous avez un peu de temps, faites cuire les poires la veille et laissez-les mariner toute la nuit au réfrigérateur.

aumônières
de figues aux amandes

Je ne cesse de vanter les qualités diététiques, gustatives et pratiques des feuilles de brick. Elles remplacent ici les crêpes dont on se sert habituellement pour confectionner les aumônières. Vous pouvez préparer la crème à l'avance, mais l'« emballage » des figues doit se faire au dernier moment.

Pour 6 personnes

Préparation : 10 min
Cuisson : 15 min

Ingrédients
6 feuilles de brick
6 grosses figues bien mûres
20 cl de crème fraîche
liquide
2 cuil. à soupe de miel
(60 g environ)
4 gouttes d'extrait
d'amande amère
4 jaunes d'œufs
50 g de poudre d'amande
20 g de beurre
2 cuil. à soupe de sucre
glace

Matériel
1 casserole, 1 petit
saladier, ficelle, 1 plat
allant au four

Calories : 360 kcal/pers

● Préchauffer le four à 180 °C (th. 6).

● Faire chauffer la crème sur feu doux. Dans un petit saladier, battre les jaunes d'œufs à la fourchette avec le miel jusqu'à ce que le mélange blanchisse. Mélanger à la crème liquide frémissante et faire épaissir sur feu très doux en remuant constamment jusqu'à ce que la crème nappe la cuillère (7-8 min environ). Retirer du feu, incorporer l'extrait et la poudre d'amande.

● Laver les figues, ôter la queue et les ouvrir en fleur en les coupant en quatre presque jusqu'à la base. Beurrer un plat allant au four. Sortir les feuilles de brick du paquet. Au centre d'une feuille, poser une figue et verser dessus une grosse cuil. à soupe de crème aux amandes. Relever le bord pour former un petit ballotin et nouer avec un bout de ficelle. Recommencer 5 fois l'opération et placer ces aumônières dans le plat beurré, enfourner et laisser cuire jusqu'à ce qu'elles soient bien dorées (5 à 7 min). Servir chaud, saupoudrer de sucre glace et accompagner du reste de crème aux amandes.

Variante

Si vous ne trouvez pas d'extrait d'amande amère, oubliez-le.

Conservation

Seule la crème aux amandes peut être conservée (2 jours au réfrigérateur).

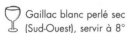 Gaillac blanc perlé sec (Sud-Ouest), servir à 8°

Idée gourmande

Pour faciliter le service, faites cuire ces aumônières dans des petits plats à œufs individuels.

Le conseil de Julie

Ne sortez les feuilles de brick de leur sachet qu'au dernier moment pour éviter qu'elles ne se dessèchent et conservez-les ensuite au réfrigérateur, dans un sac plastique bien fermé.

Cake
à la banane et au gingembre

Un dessert qui ne respecte aucun horaire : toasté au petit déjeuner, ou l'après-midi avec un thé aux épices, tous les prétextes sont bons. Le cake est de ces recettes providentielles à la portée de tous et qui répond à toutes les envies. Fromages, poissons, légumes, fruits, aliments frais ou en boîte, sucrés ou salés, un tour de spatule et hop, au four ! Mais gare aux mélanges casse-bouche. Ce n'est pas parce qu'on est entré dans l'ère de la world food qu'il faut déclencher tout de suite une guerre mondiale des saveurs !

Pour 6 personnes

Préparation : 20 min
Cuisson : 55 min

Ingrédients
3 bananes
150 g de farine
130 g de sucre roux +
1 cuil. à soupe
1 cuil. à café rase de
gingembre en poudre
1/2 cuil. à café d'extrait
de vanille
1 cuil. à soupe de rhum
4 œufs
1/2 citron
8 cl d'huile de tournesol
1 sachet de levure chimique
40 g de beurre

● Préchauffer le four à 180 °C (th. 6). Écraser 2 bananes à la fourchette pour les réduire en purée. Éplucher la troisième et la couper en deux dans la longueur. Faire chauffer 20 g de beurre dans une poêle et faire dorer la banane coupée 5 min, avec 1 cuil. à soupe de sucre roux.

● Mettre la farine, le sucre roux, le gingembre et la purée de banane dans un saladier. Creuser un puits au centre, verser l'huile, le jus du demi-citron, la vanille, le rhum et la levure. Casser les œufs, placer les blancs dans un autre saladier et ajouter les jaunes à la préparation. Mélanger soigneusement jusqu'à l'obtention d'une crème épaisse homogène.

● Battre les blancs en neige ferme et les incorporer délicatement à la préparation.

● Beurrer le moule et verser la préparation, enfoncer la banane poêlée de façon qu'elle se trouve au centre du gâteau. Enfourner et laisser cuire 50 min. Laisser refroidir.

Pour le nappage
20 cl de crème fraîche
liquide
120 g de sucre
1/2 citron

Matériel
2 saladiers, 1 petite
casserole, 1 fouet
électrique, 1 moule à cake

Calories : 460 kcal/pers

Conservation
3 à 4 jours au réfrigérateur,
couvert d'un film alimentaire.

Loupiac (Bordelais),
vin blanc liquoreux,
servir à 9-11°

• Préparer le nappage : mélanger la crème fraîche, le sucre glace et le jus du demi-citron. Napper le cake de ce mélange. Faire durcir au réfrigérateur avant de servir.

Variante

Cake à la banane et à la cannelle. Remplacez le gingembre par de la cannelle en poudre.

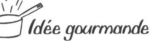

Idée gourmande

Disposez des rondelles de banane poêlées sur le dessus du cake avant de le placer au réfrigérateur.

Le conseil de Julie

Pour gagner du temps, passez tous les ingrédients (sauf les blancs d'œufs et la banane entière) au mixeur.

tarte
au caramel et au beurre salé

Si vous connaissez les caramels au beurre salé (C.B.S.) d'Henri Le Roux à Quiberon, cette tarte éveillera en vous bien des désirs gourmands. N'hésitez pas à enrichir votre caramel de pignons grillés, de chocolat noir ou d'épices diverses.

Pour 8 personnes

Préparation : 5 min
Cuisson : 25 min

Ingrédients
1 rouleau de pâte sablée
prêt à dérouler (environ
250 g)
350 g de sucre en poudre
150 g de cacao en poudre
150 g de beurre demi-sel +
15 g pour le moule

Matériel
1 casserole à fond épais,
1 moule à tarte de 28 cm
de diamètre, papier
d'aluminium, légumes secs
(pour la cuisson de la pâte)

Calories : 450 kcal/pers

Barsac (Bordelais), vin
blanc liquoreux, servir
à 9-11°

- Sortir la pâte du réfrigérateur pour qu'elle soit plus facile à manier. Préchauffer le four à 200 °C (th. 6-7). Beurrer le moule et le garnir de pâte. Faire adhérer la pâte aux parois et piquer le fond ainsi que le bord avec une fourchette. Recouvrir d'une feuille de papier d'aluminium et étaler une couche de légumes secs pour éviter que la pâte ne gonfle. Enfourner et laisser cuire 20 min.

- Verser le sucre dans une casserole à fond épais et laisser cuire à feu doux sans mélanger jusqu'à ce que le sucre fonde et qu'il blondisse. Remuer doucement avec une spatule jusqu'à ce que le caramel fume légèrement et qu'une mousse beige se forme à la surface. Retirer alors du feu et ajouter le beurre, puis 5 cuil. à soupe d'eau sans cesser de mélanger. Saupoudrer de cacao et mélanger de nouveau.

- Sortir la pâte du four, retirer l'aluminium et les légumes secs. Verser le caramel sur le fond de tarte et laisser refroidir à température ambiante. Servir de petites parts car c'est très nourrissant.

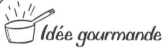

Idée gourmande
Versez des pépites de chocolat sur la tarte recouverte de caramel, elles vont fondre légèrement sans se mélanger.

Confiture de lait

Une douceur sud-américaine que l'on mange le plus souvent le doigt dans le pot. Attention ! si vous en proposez à vos enfants, vous aurez du mal à revenir à la tartine beurée-barre de chocolat. À vous de juger le risque, mais vous ne pourrez pas dire que c'est trop compliqué à préparer. Un peu long peut-être…

Pour 6 personnes

Préparation : 5 min
Cuisson : 3 h

Ingrédients
3 boîtes de lait concentré sucré

Matériel
1 casserole, 1 pot en verre (type pot de confiture)

Calories : 270 kcal/pers

Conservation
2 mois au réfrigérateur.

Muscat de beaumes-de-venise (vin doux naturel), servir à 10°

• Verser les 3 boîtes de lait dans un pot en verre. Placer le pot dans une casserole remplie d'eau et porter à ébullition. Faire cuire 3 h à petits bouillons, jusqu'à ce que le lait prenne une couleur caramel.

• Retirer le pot de la casserole, fermer avec le couvercle, laisser refroidir et placer au réfrigérateur. Servir en accompagnement d'un dessert ou tout simplement tartiné sur un morceau de pain.

Le conseil de Julie

Évitez de remuer le lait pendant la cuisson.

index
par produits principaux

index
des recettes

Index

Du même auteur
aux Éditions Albin Michel

Tout cru

Conception graphique : Dominique Gallet

Photocomposition : I.G.S. - Charente Photogravure à l'Isle-d'Espagnac
Impression et brochage : Pollina à Luçon
Achevé d'imprimer : août 2003

N° d'édition : 22002
N° d'impression : 90817
Dépôt légal : octobre 1999
Imprimé en France